行為習慣
影響結果

鞠應悌

- 著 -

千尋出版社

行為習慣影響結果

作　　者：鞠應悌

責任編輯：章　草

封面設計：高　毅

出　　版：千尋出版社

　　　　　香港筲箕灣耀興道 3 號東滙廣場 8 樓

　　　　　http://www.commercialpress.com.hk

發　　行：香港聯合書刊物流有限公司

　　　　　香港新界荃灣德士古道 220–248 號荃灣工業中心 16 樓

印　　刷：美雅印刷製本有限公司

　　　　　九龍觀塘榮業街 6 號海濱工業大廈 4 樓 A 室

版　　次：2021 年 7 月第 1 版第 1 次印刷

　　　　　© 2021 千尋出版社

　　　　　ISBN 978 962 25 5135 0

　　　　　Printed in Hong Kong

代　序

習慣決定性格，性格決定際遇，
　　際遇決定命運

關品方教授

香港大學浙江科學技術研究院前院長

　　教養教育，翻譯自英語的博雅教育，是「自由意志不為奴」的意思。中文通常翻譯為通識教育的話，會有傾向把基本的人文價值觀和對個人修心養性的要求漏掉。我們在學校要推行的，與其說是通識教育，不如說是教養教育、博雅教育，或環球視野教育；這絕對不只是更換一個名稱的問題。通識和博雅都只是教養的一部分，是一個概念。教養是樹德立人，融匯通識和博雅，即博文約禮的概念。環球視野，是要追求樹立冷靜客觀的大歷史的目光和跨地域的眼界，這樣才能掌握全域，博古通今，建立銳角思辨，不會被人誤導及欺騙，走向極端，踏入歧途。

　　銳角思辨不是所謂「批判思考」，不是擴大到凡事都要批評一番以爭辯為時尚的地步，製造立場對立和對抗。如果偷換概念，理解錯誤，那就差之毫釐，謬以千里。對抗和對立，無助互利共贏。只有釋出善意，才會有建立互信的基礎，然

後誠懇對話，才會有建設性的合作，促進改革，不斷進步。

　　對下一代，循循善誘，春風化雨，軟的一手之外，還需要硬的一手，嚴加督導，循規蹈矩。對下一代，要讓他們有機會創造更有價值的未來。從小對他們引導得當的話，不打不罵不威脅，用好習慣教孩子，定能為他們打好穩健根基。孩子的習慣養成，就像是走路一樣，如果選擇了一條正路，以後就會沿路一直走下去，開創一條卓越的成才之路。教養或博雅，即博文約禮，簡言之，就是從養成好習慣開始，培育善良正直的性格。這些好習慣包括：情緒、聆聽、表達、積極、勇敢、毅力、自律、負責任、珍惜、謙讓、信任、關愛、包容、誠實、團隊合作、承諾、尊重、求知、感恩、付出。每一個好習慣，都是寶藏，如果學會了，就是有教養的博雅之人，通識才有堅實的基礎。

　　我的好朋友鞠應俤博士，性格溫厚謙和，事業成功，待人有禮，處世有方，他是我暗地裏學習的好榜樣。他積累多年的人生經驗，總結出上述「好習慣」系列，兼且不忘回饋社會，熱心公益，以自己的成功經驗和他人分享。最近並彙集成書，邀我作序，因此先睹為快，感激之餘，幸何如之。因此，聯繫到近年有關通識科的爭議，藉此機會，略抒己見，代以為本書序。

　　通識科作為一個名稱，不幸已被標籤化，建議教育局改為教養科，仍屬必修必考，並以此為契機，重新檢討教師，教材，教案，教法，評核和考試的一系列具體的改革政策。當年從事教育改革的有心人，理論有餘，書生氣十足，政治警覺不

夠，相信沒辦法預估到問題到今天竟如此嚴重，值得同情，但不能因此不作調整。

本人在日本留學多年，親炙東京大學的教養課程，深受啟發和感染，至今不忘。東京大學的教養科，有所謂自由七藝，是一種讓人自主掌握命運，成為自由之人的素養。七藝是邏輯，語法，修辭，音樂，天文，算數，幾何。目標是讓受教育者在任何狀況下，都能具備自主思考並創造性解決問題的能力。我把它歸納起來，就是貫通文理，本末兼思，博約相輔，探求真知，最終的目的，是正確引導求知者知識與素養的綜合回歸。梅貽琦做清華大學校長，前後共 17 年（抗戰期間華北淪陷時曾停辦；北大清華南開合併在昆明成立西南聯合大學，不贅），他就是「通才教育」最有力的宣導者，而以德育（即教養和博雅）為基礎。他主張「知情志」三位一體，而以志氣志向為本，志在家國，志在民族，志在人類文明。這就要求教育者「人齊五德」，仁義禮智信，溫良恭儉讓，用香港近年的潮語，也就是包含了有所謂「和平，理性，非暴力」。

香港教育界流行 STEM（科學，技術，工程，數學），但忘記了 HELP（歷史，倫理，文學，哲學），那就變成「HELPLESS」，沒有人文和德育，沒有了教養和博雅，理工科也就迷失了方向，沒救。我們今天需要的不單是科技，而是創新要與科技結合。創新需要文理思維的交織，就要有西方文藝復興時代的博雅教育和東方詩禮傳統的品德教育。這是我的經濟學啟蒙老師，前嶺南大學校長陳坤耀教授一貫堅持的治學理念。為了實現具有開闊視野，兼具高水準專業知識，有理解

力、洞察力、行動力和想像力，且擁有國際性和開拓者精神的各領域的指導人格育成的教育目標，教育界要堅守教養科，堅持向全部學生實施品德教育，塑造各行業的領軍人物。

教養科有兩層意思。一是通過學問，知識和精神修養獲得的創造性的活力，心靈的充實，對事物的理解能力及作為其手段的學問，藝術和文史哲宗的精神活動，二是在經營社會生活方面必要的與文化相關的淵博的知識。這一切，其基礎出發點，就是要從小開始養成良好的習慣，才能夠形成良好的品德和性格。及其成長，性格又決定際遇，而際遇又決定命運。語云：君子之學貴慎始，就是這個意思。命運也者，一切從好習慣開始。

隨着時代的變遷，無論在形式上，內容上，還是精神上，21 世紀的今天，環球形勢已發生巨大的變革，但家國觀念和民族意識是唯一恆久不變的安身立命的主軸，我們一定要以學術性，國民性，國際性和先進性為目標，堅守教養教育，同時順應時代的需求不斷改革和創新。香港背負沉重的殖民地包袱，遺留下來一個沒有清晰價值觀的教育系統。香港是一個「價值觀念多元化」的典型，搖擺在東西方文化激盪的漩渦中，有嚴重的身份認同問題。由殖民地時期養成的自卑感可以轉化為傲慢與偏見，造成戀殖的情意結，既盲目崇外，又對西方的操作一知半解，誤以為一切包容放任不干預即自由主義，一切訴諸無差別投票就是最理想的民主實踐。出路在廢除通識科，以教養好品德和培育好習慣為基礎，重新再出發。（編按：教育局於 2021 年 4 月 1 日公佈通識科正式改名為「公

民與社會發展科」，全新科目將於 9 月取代通識科實施。）

　　例如，和睦友善，應從親子關係做起。近年來，學生慣於粗言穢言，不堪入耳，舉止粗鄙，不堪入目。時代的步伐太快。孩子在學校唸書壓力大，家長一時改變不了這個現狀。近年流行所謂批判思維，很多老師入了誤區，以為凡事批評一番就對了，壓倒對方，我勝你敗；忘記了和而不同，互相尊重，才是人際間相處之正道。這和選舉文化氾濫有關。我們分析問題，有以下六點十分關鍵。就是：不忘本質，客觀分析，獨立思考，貼近事實，觀察細節，換位思考。家長應爭取和孩子溝通，最好的時機是晚飯時，不要一開口就問做了功課沒有，而是打開輕鬆話題，例如問孩子今天在學校裏有甚麼有趣的事情？這個週末有甚麼好玩的？

　　現代社會容易撕裂，對各種議題討論起來往往南轅北轍，很容易就鬧對立。雙方都處於盛怒的狀態，就沒辦法好好溝通。做家長的，嘴裏不說，但心態上可以把自己的孩子當成是別人的孩子，和孩子交朋友，而且是忘年交。不輕易放棄和孩子對話，要保持樂觀，有耐心靜聽。家長說少一點，聽多一點。最理想是八成聽二成說，讓孩子樂意和你滔滔不絕，家長就成功了一大半。孩子一般都有求知慾，喜歡即食吸收，缺少耐性。最有效的方法是不直接爭論抽象的概念，因為容易引起爭拗和衝突。例如談到權利和自由，可以考慮引導孩子談義務和紀律，因為那不是絕對的，而是互補的。比如理性，是和感性共生的。又比如民主和民生，孰輕孰重，也是可以討論的。總而言之，細水長流，平心靜氣，不搞對抗，求同

存異。

從幼稚園開始，或者甚至更早一些，一直到中學畢業，或者甚至更晚一些，孩子們都在習慣養成和性格形成的過程中，思想活躍，有時候家長會有新發現新啟發，從孩子身上會學到東西。有時候聊不下去了，就馬上轉換話題，不要動氣。很多爭論，和中西文化異同有關。我們要擺脫「西方的一套是唯一正確」的思維模式。中西方文化是否很難融合？從上世紀二十年代起，熊十力等人創新儒學，五六十年代唐君毅、徐復觀、牟宗三、錢穆等人承傳，並把中西方哲學和文化結合起來，尤其以康德哲學作為切入點予以發揚。中西方文化是可以融和的，視乎如何融和而已。我們可參考新儒學第三代重要人物杜維明有關文明對話與全球倫理的論述。中西方文化重點，是否以個人自由和顧全大局來區分？社會是圍繞選舉還是圍繞發展來不斷進步？現今西方社會很重視個人的權利和自由，但其基礎是源社會公眾利益和社會文明水準，尤其是國民教育、公共意識、責任義務、社會公益、義務勞動、捐獻習慣，以這些作為人文道德的支撐。而這些人文道德，正是要從小養成好習慣開始。沒有任何事情會自然形成。孩子的命運，從小就掌握在教育者的手裏。

自由經濟學之父，亞當史密夫有《國富論》，裏面談到「無形之手」。他還有一本《道德情感論》，認為如果社會缺乏道德情感（包括社會整體利益，即大局觀念），無形之手不可能對社會起到有益的作用。社會一定要以大局觀念為基礎，才可以通過個人利益推動發展，從而使整體社會得益，限制資

本，調節市場，不斷修正改良優化，才是人類進步和發展的原動力。

今天西方的文明，經歷四百多年，文藝復興，宗教革命，啟蒙運動，英國工業革命，法國自由革命，美國獨立革命，兩次世界大戰。啟蒙運動時代，論證如何達至理想社會（即顧全大局，或大同世界）的巨著，數之不盡，較著名的有休謨的《人性論》，盧梭的《社會契約論》和康德的《永久和平論》。前面提及杜維明，他的《文明對話與全球倫理》，也可以作為參考。這些巨著，百變不離其宗，儘管側重點不同，說來說去，都強調教化應從小時候養成好習慣開始。

家長自己先要端正自己的出發點，對年輕一代總要耐心溫柔。自己的孩子自己教養，以家庭教育為主，以學校教育為輔，才是正途。科學技術工程數學，可以交給學校，哲學倫理歷史文學，家長一定要自己抓起來。學習為求真善美。歷史求真，哲學求善，文學求美。關鍵是教養、品行、道德和倫理。語云：「宰相起於州縣，大將起於部曲。」要孩子成材，沒有捷徑。謹以此文代序，鄭重推薦鞠應梯博士這本不可多得的鴻文，供家長們參考，享受親子之間的互動關係。家長最大的滿足感，不就是欣見下一代成才，傳承自己的成功基因嗎？

序　一

陳智軒教授

香港教育大學副校長（研究與發展）

習慣可定義為個人規律性的傾向或行為。這些傾向或行為會隨着個人成長而形成，成為每天生活的一部分，也成為個人的特徵。傾向或行為可通過不同的形式與媒介形成。最普遍的是透過對外學習：如與家庭成員、同齡人和老師互動交流，或是閱讀和觀察。

習慣的另一個特徵是形成了的傾向或行為是難以除掉的。換句話說，當習慣變成了個人的一部分，習以為常後，思想與做法便變成規律及恆常，除掉習慣就比養成習慣難得多了。鞠應悌博士從 2008 年開始開發好習慣元素，並在香港及北京創立研究所，完成編製好習慣課程，這宏大的事業就是本着大愛之心應對習慣去舊迎新的挑戰造福人羣。

鞠博士出版《行為習慣影響結果》，利用生活化的文筆及過來人的手法介紹一共 20 個好習慣元素。豐富的內容分為六部分，另有家長個案分享及案例分析。這書的內容是必要的，也是及時的。它既是針對人們願意學習好習慣但不知從何處入手，也針對人們知道除掉舊習慣的好處但沒有足夠動力及策略。《行為習慣影響結果》更採用了「授人以魚不如授人以

漁」學習模式建構內容，是讀者人生道路上的一盞明燈。

　　本書書名是「行為習慣影響結果」。可以怎樣理解它？我個人認為這詞背後有着深層的意義。它啟發自問為甚麼人們要培養好習慣，對以上提到沒有足夠動力與策略除去舊習慣作詮釋，開展培養好習慣的步伐。

　　鞠博士透過自己的人生歷練及創辦幼兒教育課程的心得，了解到培養好習慣的最大動力是來自「創造好結果」。這思路跟美國著名心理學家詹姆斯 ・ 普羅查斯卡（James O. Prochaska）與卡洛 ・ 迪克萊門特（Carlo DiClemente）提出的跨理論模式（Transtheoretical Model of Change）有兩個共通點。

　　第一、描述人的轉變如除掉抽煙習慣可分為五個階段，而介定成功轉變最後兩個階段是行動及建立新行為。這跟書中的「行為影響結果」同義。

　　第二、強調帶有改變行為意向在成功除掉舊習慣中的重要性，清晰與堅持的意向才可釋放出強而有力改變行為的動力。在這方面，鞠博士在書中貫徹始終地強調有好習慣才可「創造好結果」，以此作為讀者的座右銘。

　　《行為習慣影響結果》的內容涵蓋人生最重要的板塊家庭、工作、朋友社交及社會服務。把自身健康作為主軸去剖析培養好習慣在這些人生板塊中創造好結果，如家庭和諧和幸福、工作順利和創富及為他人和社會創造價值。

　　在此，感謝鞠博士對社會作出的貢獻，祝願好習慣事業更上一層樓。

序 二

憧憬

李湄珍教授

香港大學心理學和臨床心理學講座教授

　　每個人的一生都有不同的追求，不同的嚮往和不同的理想。還在求學的你，也許憧憬有一天能獨當一面；剛畢業的你，也許憧憬着如何開闢自己的事業；而為人父母的你，對孩子的未來有着無限的憧憬。小時候，父母教導我們做人的道理，儘管那時候未能完全參透箇中意義，卻總會一直秉承父母的教誨；而這些教誨，就像一盞明燈，引導我們成長及形成自己的價值觀，成為憧憬中的自己。我們的價值觀總是在不知不覺中被自身的經歷與感受慢慢描摹成形。正確的價值觀，就如鞠博士所提倡的 20 個好習慣，如永恆的清流，哪怕世事瞬息萬變，知識日新月異，仍然歷久彌新，永遠適用。

　　好習慣是一種智慧，引導我們以積極的態度來面對世界，從實踐好習慣而取得理想結果。20 個好習慣灌輸一些待人處事原則及正確的價值觀，引領我們實踐抱負，自信堅定地作出每一個決定，讓每一天都過得充實無悔。追求理想的道路總不會一帆風順，生活不如意的時候，鞠博士這本書，或許不

能為你在生活中所遇到的各種狀況提供答案，但他所分享的好習慣原則，可以為你打造一雙適合的鞋子，讓你在充滿挑戰的人生道路上走得更遠。實踐好習慣，哪怕遇上再多的困難，也可以每天精彩的生活。

毋庸置疑，書中闡述了培養好習慣的重要性，也列舉眾多論點說明好習慣如何帶領我們走向康莊大道。因此，我相信任何年紀的人也能從中得到啟發。另外，鞠博士曾在書中提及，習慣是需要時間來改變。冰封三尺非一日之寒，要培養 20 個好習慣，需要決心及耐性。千里之行，始於足下，只要我們願意多加留意自己的陋習，鞭策自己，定能逐漸進步，為培養好習慣所付出的努力一定會為大家的生活帶來正面的影響。20 個好習慣總是環環相扣，正如當你學會變得「勇敢」，學習上你會更願意主動「求知」，犯錯了也會懂得「負責任」，也許在不知不覺中，你會發現自己已經破繭成蝶，收穫良多。

鞠博士致力推廣好習慣，啟蒙下一代，並把燈火在黑暗裏一直照耀着。理想之宏大看似不實際，但正如序首所言，對未來有所憧憬，就是讓自己邁步向前的動力。當然，有人會覺得養成了好習慣就如登上了成功的山峯；然而一個終止，永遠是另一個嶄新的開始。人的一生總是在經歷不同的事情，同時也一直不斷地學習，登上了高峯，稍息片刻，又再次啟程。只有好好運用好習慣，把帆船駛往心中嚮往的目的地，才是真正有意義的。

長風破浪會有時，直掛雲帆濟滄海 —— 無論你追尋甚麼

理想，都是在不斷地成長和奮鬥。若然某刻你處於雲霧之中，悵然若失，也請別忘記保持一顆熾熱的心，永不言棄。這本書懷揣着博士的憧憬，希望能令更多人傳承好習慣；這本書也包含着你們對自己的憧憬，哪怕是為了增值自己，還是為了培育孩子成為優秀的人才。願你們懷抱初心，慢慢養成好習慣，當風起之時，就能乘風破浪。

序　三

高慕蓮博士

香港中文大學－香港教育研究所兼任講師

　　兩年前經朋友介紹認識鞠博士，當時他已經積累不少與好習慣相關理論及實踐經驗；希望整理資料出版，想找人幫忙做潤筆的工作。感謝鞠博士（Peter）信任，也很榮幸能參與這個有意義的項目！

　　這本書一方面記錄了鞠博士接近 40 年的努力及成就；同時也讓大家了解他建立 20 個好習慣的起源。我很佩服 Peter 的魄力，他在過去 10 年，根據好習慣理念逐步建立完善的課程框架；並通過籌辦幼稚園及組織家長、親子工作坊，希望孩子及父母，都能將學到的好習慣知識遷移為能力，在生活中應用。

　　家庭是社會的基本單位，如果每一位家庭成員都通過身體力行，培養做人（自律、謙讓等）、處事（誠實、負責任等）及人際交往（珍惜、尊重、包容、感恩等）等優秀品質；相信家庭和睦、夫妻關係相處更融洽、孩子懂得遵守合宜的行為規範。提高每個人的品格、素質，是 Peter 推動好習慣的美好遠景。

　　Peter 堅信行為影響後果。是的，習慣影響行為！習慣是

因，行為表現就是果。鞠博士的好習慣理論不單只想培育一個人、影響一個家庭、改變一個小社會；他最想提高整個國家的國民素質。光是這一份熱忱已經很令人敬重！

　　如果您是家長，一打開這本書，第一時間可能很想找到一個即時解決問題的秘笈或心法；可惜培育孩子成材是一生的功課，未必有捷徑！希望大家閱讀這本書的時候，多了解作者的心路歷程及堅持推動好習慣的信念。只要您細心閱讀，不難發現，Peter 以個人的生命軌跡闡述「習慣影響行為、行為影響後果」；他的奮鬥經驗值得我們學習。

　　雖然彼此認識的時間很短，但我很尊敬 Peter 這位長輩，因為他所說的都是他相信的，並能做到的！

目　錄

作者背景與緣起

　　鞠應悌於上海出生，兩歲時與哥哥及外婆到了香港居住。

　　從小我就十分頑皮，但也十分討人歡喜，所以外婆對我特別偏愛。有一次外婆送我去幼稚園上課，因為她習慣性地一直陪着我，當外婆離開幼稚園的時候，我回頭找不到外婆，就自己一個跑出了幼稚園去找外婆，老師在後面一直追着，可想而知，我有多淘氣及頑皮。

　　我由於本身的頑皮淘氣，所以在升中之前，成績一直不太理想，當時我住在二樓，每次放學回家，總會把書包當籃球一樣直接拋上自己的陽台，然後就與街上的小朋友一起玩耍，直至到差不多要吃晚飯的時間，外婆便會伸出頭往街上大喊我的乳名：二毛！二毛！因為外婆的聲音很響亮，整條街都能聽得到，這時才會回家吃飯。

　　小時候母親忙着出外工作，只有外婆在家裏看管我和哥

哥兩兄弟;但是因為我太頑皮,外婆沒有辦法教導,結果,家人把我送往澳門慈幼中學讀初中一年級。我在澳門寄宿的半年間,開始學習如何自理。澳門慈幼中學是一間非常有紀律的寄宿學校,由教會修士負責管理所有寄宿生,每天洗澡的時間只有五分鐘,如果動作太慢,有時候連塗滿一身的肥皂都會來不及洗乾淨就要跳出浴室,好緊張啊!那段日子,每天早上 6 點左右就要起牀,排隊洗臉刷牙;還要把自己的牀單被褥整理好、鞋子刷乾淨;跟着去操場做早操、去教堂做彌撒後,之後才可吃早餐;早課上完之後,所有同學便要齊集飯堂一起吃午飯。學校規定吃飯的時間也是非常短速,我已經能鍛煉到可以在一分鐘之內把飯菜倒進肚子裏,因為只要自己吃得慢一點,飯菜都會被同學搶光。這就讓我從小開始慢慢養成自律及積極主動的生活習慣。

　　讀完半年的初中一年級,成績也並不好,但在自律方面已經有所進步,所以母親便讓我返回香港,在一所英文中學做插班生。直到中學畢業後,先是去幫母親打理工作,當時父親在海外接做西服訂單,而我與母親負責在香港配合工作,我便充當助理,但自己並不喜歡這樣的工作。所以一兩年後,通過獵頭公司,去了土瓜灣一間美國時裝工廠做初級買手。當時候我的老闆 Charlie 是一位中葡籍男士,會講上海話、英語、懂一點粵語,我在此工廠工作了三年,每天與老闆溝通,可以讓我每天有 5~6 小時練習英語,本來我的英語能力一般,但經過三年的鍛煉,我已經可以操一口流利的英語了,這對我的日後工作幫助十分大。

在 1971 年 3 月，因為我的主動積極態度，找到了一份在
英美大公司的營業代表工作。我知道那家英美大公司比較注
重的是服務態度，在面談之時，我很清晰的強調服務的重要
性，到第三次面談的時候，公司認為我可當更高的職位，就給
了我做商業機械部門的營業代表的機會。當時候我的收入翻
了好幾倍，在 1971 年入職，年薪是 13,000 元，到 1972~1973
年已經達到三倍的收入。

牽手一生的伴侶

在 1972 年初的時候，跟朋友去澳門新年放爆竹，跟着朋
友去拜年，在拜年期間認識了一家人，並結識了其中的一位
女孩子，她當年大概是 17~18 歲左右，當我看見了那位少女
後十分傾慕，非常主動積極去追求她，經常約她跳舞玩樂。
之後，我向那位少女取得家中地址聯繫，回香港後一直保持
書信來往。

我與朋友再次去澳門玩樂的時候，去了澳門葡京賭場，
幸運地在廿一點枱上，用數百元的本錢，贏取了 17,260 元。
贏了大額金錢之後，就去約會那位少女，把贏回來的零頭 260
元送給少女作為買禮物之用，但當時那位小姑娘收到的時候，
完全沒有表現出很大的喜悅。回家後，過了兩個星期，再一
次去澳門玩樂，並約會小姑娘。在約會小姑娘之前，當然又
再次去到澳門葡京賭場玩廿一點，結果，把帶去的幾百元全
部輸掉了。在約會小姑娘的時候，小姑娘把我上一次送給她
的 260 元，放在一個信封裏，原封不動的還給了我。當時候，

鞠應悌博士夫婦二人合照

我十分感動，這樣的女孩子，這麼簡單、單純，我就認定了她
是自己想要找到牽手一生的終身伴侶。

經過書信來往及多次約會之後，我們在 1973 年 11 月結
婚，我的夫人，當時年僅 19 歲，以當年的法例，必須由父
母雙親簽名，才能作準。結婚後育有一女兒及一兒子，與大
多數父母一樣，當時從沒有想過要如何教育子女，創造幸福
家庭。

人生的啟蒙課

　　1979 年底，在一個偶然的機會，與友人合夥開了一家黃金買賣代理公司。因為大家的努力把業務發展至台灣，經過了 20 多年的奮鬥，有了小小成就。開始考慮退休的生活，因為有了房地產代理的經驗，投資賺了一些錢，在 2003 年 SARS（沙士）的時候，當時用很低的價錢投資了美國銀行大廈一個面對海景的最佳單位。直至 2007 年，我以三倍利潤的價錢，賣掉了這個寫字樓單位。同年，在機緣巧合的情況下參加了一個由美國專業心理學教授們設計的人生體驗課程。

　　課程是女兒及兒子推薦給我的，他們在前幾年已經完成相關課程，一直遊說我去上課；但是，我當時一直是抱着一個固定思維的態度，自以為是，認為這類課程我之前也上過不少，自己都可以去當講師了，何必要求我再去上課。因為我太太受了女兒的鼓勵及支持，也去參加了課程，但沒有完全完成，還差最後一個階段，有見及此，我便鼓勵、遊說太太去完成整個課程，她卻反問我：「為何你叫我去完成課程，而自己又不願意去學習呢？」當時我認為太太沒有工作多年，去學習一些新課程，對她應該有幫助的，我便隨意的說：「我會支持你、鼓勵你，只要你把課程學完，便承諾我會去上這個課程」。其實我的女兒十分希望我能去上這個人生體驗課程，因為這個課程可以幫助人的觀感放大，可以把人與人的關係拉近；但我常常認為，這些我都懂的，我都知道的，我不需要再去學習了。不過我承諾過，如果太太能完成整個課程，我

會參與。結果，太太很堅持的完成了整個課程，當然，我也必須兌現我的承諾，參加了這個人生體驗課程。

在上課期間，我覺得真的是很不錯，原來世界上還會有這樣精妙的課程，把自己的自以為是一掃而空，而且，在課程中所說的，大部分都確認了我以前的行為習慣是正確的。於是我便繼續了第二階段及第三階段課程，完成之後，我得到了很大收穫。我在課堂中的表現得也是非常卓越，因為我要表現我的好學及投入程度，給我的太太和孩子做榜樣；所以導師們、同學們都認識我，加上我也算是一個小小的企業家，所以，大家對我的關愛、尊重有加。完成課程之後，我將所學只用於生活層面，就已經發現幫助我及太太的感情確實改善不少。

我事業的第二春來了，當時我靜極思動，我過去持有一個金銀貿易場的牌照，可以做黃金買賣生意，而上了新的課程之後，我再用課程裏面的一些觀點角度，加以改善加強，重組了自己的金融公司。在 2008 年重組了我的金融公司之後，交由我的兒子與兩位資深金融從業高手主導，因為我過去打下了很好的基礎，而前期準備工作也做得很好，所以我根本不用去擔心金融公司的發展，便專心去做另外一件更重要的事情！

前　言

好習慣的起源與發展

　　創立好習慣機構是我現在最重要的事情。在我年青的時候，一直希望能做些為人服務的事情，為社會及國家作出貢獻，但是我並不積極去參與一些慈善活動。我個人認為「授人以魚不如授人以漁」，那只是在給魚給別人吃，而並不是真的可以教人捉魚。自從上過人生體驗課的三個階段課程之後，我覺得可以增加更多的元素，幫助更多中國人。當時也去了上海及北京，我發現很多的國內同胞不太文明、沒有規矩、沒有禮貌、不懂得尊重別人；只顧自己、隨地吐痰、不與人打招呼便隨意推開別人等等。我在想如果能夠幫助他們改變這些行為習慣，可有多好！

　　我開始思考研究，從我們中華民族 5000 年的歷史，由大禹治水；夏商周春秋戰國時代；秦始皇統一天下；唐、宋、元、明、清，直至國民黨、共產黨、到文革時代所發生的種種事情。在思考、在研究，為何會由興旺而變為衰退，甚麼原因讓朝代興旺呢？又是甚麼原因讓朝代衰落呢？發現原來跟以前的教育問題有着莫大的關係。當一個朝代甚麼都沒有

的時候，大家都會不計較任何報酬，不為任何賞賜，只想大家都能溫飽；大家的共同力量、團隊合作、互相關愛、謙讓、付出、感恩、珍惜、包容、主動積極、相互尊重、有良好的表達，盡力把事情完成，因此才能讓朝代興旺起來。但當興旺起來的時候，就會考慮我們用了這麼多犧牲、時間、心血辛苦而創造的結果，希望把最好的留給我們的下一代，並不希望下一代會像我們這樣辛苦。

結果，我們的下一代因為並不需要經歷太多付出，便可以得到很多回報，都是由父母一代傳一代，只知道太平盛世的時候，對酒當歌，人生幾何，吟詩作對，但是不知道天外有天，人外有人，完全沒有求知的慾望。父母沒有給下一代的考驗，年輕一代做父母時，自然沒有要求自己的下一代有所考驗。這就應驗了富不過三代的魔咒！父親拼了命，花了精神、時間、心血學習及工作而得回來的報酬，節儉得來的心血和財富，卻不願意磨練自己的下一代，讓他去創業、去辛苦、去求進步創新，當發現到情況不妙的時候，已經為時已晚！結果一代不如一代，坐食山崩；這樣一直遺留下來的財富給一代又一代的敗光。

問題的源頭其實就是教育，教育不單是讀書考試、探求知識不斷創新，這些固然重要，但更重要的是行為習慣。行為習慣原來可以影響結果，因為行為習慣得到的結果，才是因果。

當我想通了之後，我開始物色心理學家。剛好，我有一位中學同學蘇教授，他畢業於美國麻省理工大學博士學位，

在香港大學任職神經科學，經他的介紹認識了兩位教授。兩位既是夫妻，也同是心理學家，都是在知名大學當教授，我諮詢了他們的意見，把我的心願告訴了他們。兩位教授都認為，我的心願雖好，為了國家、為社會貢獻，但是這件事情不容易辦得好的。雖然面對重重的困難，但我堅信好習慣的理念，一定可以實現！

研發課程，推廣好習慣

既然我在金融的事業有所成就，我很樂意抽出一部分的金錢及時間鑽研好習慣課程。在 2009 年至 2010 年期間，我在北京認識了一位王姓朋友，他與北京大學的系主任，正在設計與美國的大學招收博士生的課程。他得知道我是一所美國大學的榮譽博士，也邀請了我幫忙在北京大學做客席教授，幫助企業家完成博士學位。在此期間，我也代表金融公司支援了這位王姓友人創立了北京大學黃金價值研究所，與此同時，認識了一位胡姓友人，大家都稱他為胡會長。胡會長屬於北京大學信用研究會，通過他的介紹，認識了北京大學教授經濟學的院長及教授們，認識了幾位教授之後，又給我引薦了北京大學心理學教授周教授，原來跟我在香港大學認識的李教授，是師兄妹關係。我把研發好習慣的計劃告訴了幾位教授及會長，都得到了他們熱烈的支持及鼓勵，及後，我們還一起共同創造了北京法律信用研究所。剛好我有一位台灣朋友的外甥想到北京大學唸法律系，於是引見了北京大學法律系教授，也評價我介紹的林姓博士生年輕有為，學習能

力極強。經過考試，成功獲錄取，也成為這間法律研究所的其中一員。自此，我金融公司的很多活動，都有邀請北京大學的幾位經濟學教授來指導及支持。每年 4 月 16 日左右，便會舉辦一場信用論壇，我本人及我的金融公司也有參與，其中一次在會上發表了我的好習慣理念，在百度上也可以搜索到我的介紹。

2011 年，我在香港註冊了好習慣教育發展有限公司，得到香港大學及理工大學教授們的義務支持及指導下，共同研發了好習慣元素。加上得到了北京大學教授、會長們的鼓勵及支持，2012 年起，在北京之前購入的一個寓所開始研發好習慣小朋友遊戲課程，並創立了北京福而偉教育科技研究院，得到香港理工大學陳教授給予支援指導，由北京福而偉教育科技研究院所聘請的資深幼兒老師來進行課程研發，我們 1.0 版本的課程就此正式誕生。

課程研發持續至 2015 年，我們把好習慣伸延到上海，在上海投資了一家幼稚園及一家藝術學校，在我接手時該幼稚園全區排名最後。我在當中花了不少時間及費用進行改革及要求，並把好習慣課程融入到幼稚園，還要求聘請水準較高的老師來一起發展。經過幾年努力，成績斐然，幼稚園得到上海教育局的支持、鼓勵及讚賞。

好習慣課程在家長層面也是深受認可，學生家長也回饋告訴我們的老師及院長，小朋友在學校學習完我們的好習慣課程，在家中已經不再哭鬧、發脾氣；還會自己收拾東西，懂得尊重父母，有自律，會聽指令，願意與父母溝通。有了回

好習慣幼兒園老師考察交流

饋所支援，也給我們打了很好的強心針。在此同時，我把在北京研發的 1.0 版本課程，交給華東師範大學幼兒教授周念麗老師，請她協助優化好習慣課程。經她用了一年多的時間修訂，課程提升為 2.0 版本。

　　回到香港之後，為了精益求精，經友人介紹，認識了一位在中文大學任教校長班的導師，通過他的關係，由教育大學的教授及幼稚教育高級講師組成團隊，一起去改良我們的小朋友遊戲課程，完成提升到 3.0 版本。在研發過程中，我又察覺到，小朋友學習好習慣遊戲課程，對他們的成長是有所幫助，但最重要的，還是父母們的身教，父母們如果不能

好習慣團隊及關品方教授（中）參與好習慣工作坊活動

配合強化小朋友學習到的好習慣；對小朋友來說，學好習慣只會是事倍功半。如果能夠邀請到家長們學習，並教會小朋友好習慣，便會有事半功倍的效果。於是，我與我的專業團隊開始研發家長課程，在 2018 年底，開始了免費的家長工作坊，每次工作坊的時間是三個小時，當然，三個小時只是讓他們知道習慣對小朋友的重要性，但必須要通過不斷的練習，才會有結果；因為現在的所謂家長課程，專業教授所講的幼兒課程，都是十分有道理，但只會讓你「只知其然，而不知其所以然」。如果沒有練習、體驗，最終效果是不會顯著。這就是我強調我所創始的練習體驗課程，目前是獨一無二！當然我相信我的課程推出之後，必定會有很多機構願意與我們合作，或者自成一派；但我關注的重點是真的要讓大家能夠練習體驗、學習有結果，才算是真的學會整個好習慣課程。

　　縱古到今或者近代數十年期間，請問有哪一間學校、哪一個家庭不是在教小朋友從小要有禮貌、要懂得尊重別人；不可以自私、要尊師重道；為他人着想、做個有用的人，做一個好人、樂於幫助別人的人；要講衛生、不可隨便扔垃圾等？但結果是⋯⋯

　　結果是怎樣呢？結果已經告訴你，以前所教的，行得通的機會率是非常少。從今天起，請看一看，由自己開始檢視一下究竟在每個人自身的各方面：包括情緒、聆聽能力、表達能力，是否表現理想？

　　20 個好習慣元素分別是：

情緒	聆聽	表達	積極	勇敢
毅力	自律	負責任	珍惜	謙讓
信任	關愛	包容	誠實	團隊合作
承諾	尊重	求知	感恩	付出

　　以上的好習慣元素，是工作團隊在 2008 年集思廣益建議出來，當中還包括有兩位資深心理學教授。

檢視自己

　　為了更好的讓大家檢視一下自己的情況，可以試試回答以下問題，先給自己打個分數：

1. 有沒有主動積極、勇敢去面對問題，努力解決問題？但到了今天，有多少問題還沒有解決？

2. 當不知不覺做錯了事情，得罪了別人，有沒有勇氣去向對方認錯？

3. 有沒有試過，很多事情沒有想清楚便去做，結果沒有毅力地完成？

4. 問一下自己，自己的自律值多少分？願意給自己打多少分？

5. 你是否一個負責任的人？你的負責任又可以得到多少分數？

6. 是否有珍惜當下，珍惜家人、工作、朋友？

7. 在生活中，謙讓是十分重要的，不只是謙虛禮讓這麼簡單，而是要做到不計較、不嫉妒別人。所以試問一下自己對家人朋友會不會計較，會不會要求別人先付出，先謙讓給自己，自己才會謙讓付出呢？

8. 如果對別人從沒有建立信任，能讓別人對你信任嗎？或是你會有甚麼條件才會去信任別人？但如果你的行為習慣一向是守承諾、言行一致、言出必行，朋友自然就會信任你，對嗎？

9. 請問自己有多關愛家人、朋友、同事及工作？

10. 當別人做錯事情的時候，包括家人，你有多包容他們？

11. 有沒有誠實地面對自己、家人、朋友、同事、工作？

12. 有沒有扮演一個團隊合作的一分子？你有多團結，有多願意去分享、去合作、去完成？

13. 不管在家中，在公司，或在朋友羣內，還是在社會，你對於承諾，會給自己打多少分？

14. 請問你又有多尊重別人，還是選擇性的去尊重別人，會有條件的去尊重別人？

15. 你又會在求知慾上給自己多少分數？

有沒有看到在市面上很多不同的店舖、不同的行業結束？舊的老化的行業被替代，是否因為不再進步？沒有創新？我們的思維是固定性思維還是成長性思維？是固定性思維多一些，還是成長性思維多一些？請看清楚結果便知道，自己究竟在求知方面可以得到多少分？

　　感恩跟付出，其實是有關聯的，受到別人幫助的時候，自己會覺得是理所當然嗎？父母、兄弟姐妹、公司的同事、朋友們，他們幫助自己，自己會懂得感恩嗎？如何感恩？是否知道，如果自己對別人有付出，就會有所期望？期望別人感恩，而因為自己對別人的期望沒有達到的時候，是否會十分失望？所以自己對別人感恩，別人將來仍然會願意去幫助你的，但若你視之為理所當然而沒有感恩，最後想幫助你的人，便愈來愈少，這是誰的損失？付出不求回報，沒有期望，便不會失望，同意嗎？但為甚麼很多人做不到？原來付出不求回報，是在播種，只不過有些種子不會馬上萌芽，但當種子萌芽的時候，你絕對會有意想不到的驚喜收穫，請問你有想過嗎？

　　在上述所提及的好習慣，你知道它的價值有多大？如果你知道有多大的話，你是否願意去學習與練習？若然你學了，但沒有練習，便不算是學習，學習的意思正確來說，是學了

要練習，因為學了還需要練習，才會有結果；所以大家看了、聽了這些好習慣，你想不想自己的小孩從小就開始學習好習慣呢？如果你是一個負責任的家長，一定會希望自己的小朋友學習好習慣。我想強調的是習慣不容易改變，如果小朋友從小就開始學習好習慣，他有壞習慣的機會率便十分低。相反，如果小時候沒有學會好習慣，養成了壞習慣，想要改變也是十分困難。建議你先檢視一下自己有甚麼壞習慣可以改變？

簡單來說，如果你抽煙，要你戒煙，是否十分困難？如果你習慣講粗言穢語，今天叫你把粗言穢語全部改掉，容易嗎？想一想，你喜歡講別人是非，喜歡八卦，說得好聽點是好奇心重？但你心中十分明白，講了別人的是非，而令別人受到影響，你有沒有為別人設想？因為人家還沒有說你的是非，但當別人說了你的是非之後，你是否會十分憤怒？如果你處之泰然，這些是非會愈變愈烈，不是真的事情也會給別人講成真的一樣，你會如何處理？

你內心強大嗎？如何令自己內心強大，是一件十分不容易的事，但讀完這本書之後，你會找到答案的。我最想強調的是不可浪費任何一點時間，要珍惜當下。因為我們不想後悔。我要求家長們都能主動積極，不要拖延；馬上學習如何教育自己的子女認識這 20 個好習慣，因為這是寶藏，為他們將來的成長，所能夠得到的結果，所能夠創造的價值，都是源自練習這 20 個好習慣。

這書的後面的工具書部分，還會教大家如何跟小朋友溝

通，如何用遊戲方式教會小朋友學會好習慣。其實每個小朋友都喜歡玩耍、玩遊戲，有時候父母會誤解了小朋友喜歡玩具；但請想一想，小朋友出生之後，只是一張白紙，對他們來說甚麼都是玩具，你也是他的玩具，家中每一樣事物都是他的玩具，不同的只是，父母如何引導、指引。與他玩耍不一定要買玩具，可以從生活中玩遊戲，從生活中引導小朋友學會好習慣。

但有一件事情十分重要，一定不能對小朋友發脾氣。你發脾氣，表示你有情緒，因為你的情緒脾氣，小朋友會模仿；如果你習慣性與小朋友溝通的時候都是笑容滿面，不管他有沒有犯錯，你都可以用溫柔而堅定的立場去與小朋友溝通，他將來的成長，也會跟你一樣的。想一想，你碰到一些情緒十分大或脾氣暴躁的朋友，你願意常與他待在一起嗎？你一定要先學會處理好情緒，讓它成為你最好的朋友。這樣，你的小朋友以後也不會有甚麼不良的情緒、不良的情商，因為情緒是你家中最好的朋友，家裏會充滿正能量，不會出現吵鬧；不管是小朋友的吵鬧，或是夫妻、家中每一分子的吵鬧都不會發生。這是一件多開心，多想有的結果啊！

請看一看周圍的朋友、看看自己的家庭、看看其他的人，每個人都說：「家家有本難唸的經」，到底有多難唸？為甚麼會有難唸的經？難唸的經從何而來？是因為累積了太多問題，沒有主動積極、沒有勇敢面對解決，把問題拖延了？一個一個問題拖延下來，就如同你辦公桌上的文檔沒有及時處理，便會日積月累。家中的雜物，沒有用的，或者再也用不上的，

為甚麼沒有把它清理掉？不停找原因，找藉口，猶如家中很多小問題、小事情沒有處理，慢慢就變成大事，有時候因為太過瑣碎，根本說不清了，變成家中所謂難唸的經了。這是不是你難唸的經的來由？如果學會了 20 個好習慣，你便可以把這一本難唸的經，變成為一本好唸的經，該有多好！

　　每個人都希望家庭和諧、身體健康、工作順利、朋友互相尊重、分享資源、大家交流心得、對社會有所貢獻，這不是大家心中所要的嗎？但當自己還沒有處理好，如何想到這麼多呢？在好習慣的理念，永遠把健康放在第一位，人的健康是一，否則，其他所有都是零，沒有健康就是沒有了一，所有都會化為烏有。一加一等於二，需要資料支援嗎？行為習慣影響結果，需要資料支援嗎？因為行為習慣得到的結果，叫做因果。這些都是鐵一般的事實；所以從今天開始，我們要踏踏實實的開始練習好習慣。之後我也會舉十分多的案例來支持每個好習慣的重要性，相信看到這裏，大家大概已經明白好習慣的由來、理念、要創造好習慣的原因及如何練習才會有結果。

　　因為我們不是說道說教，說了沒有練習當然沒有結果。考試就是考試，考試考重點，上課不聆聽、不聽書，自然溫習不到重點，沒有練習到重點，怎麼會有結果？這個才是我們真正要學的，因為我們是結果派，如果學習了好習慣，不斷練習好習慣後得不到結果，我願意去負起這個責任；想一想，因為結果是不會說謊的。

全書分為六個主要部分：

第一部分：好習慣的宗旨 —— 最重要的元素是健康，因為沒有健康，所有其他的都是零。

第二部分：家庭幸福、和諧 —— 當然着重在教小朋友好習慣，讓小朋友從小就學會好習慣，也會提及夫妻之道。因為有了好習慣，夫妻之間便會少了摩擦、爭執；只會更恩愛，更能夠互相包容。

第三部分：工作 —— 如何掌握工作，令工作順利，甚至略略提及創業部分。將來在好習慣的系列中，會繼續詳細闡述、討論、與大家交流事業與創業。

第四部分：朋友之間的交往與互動，好習慣在朋友之間的重要性。

第五部分：如何貢獻社會 —— 這也是配合了我們祖先所說的：「修身，齊家，治國，平天下」；亦即是現在盛行的三觀說：「人生觀、價值觀、世界觀」。

第六部分：〈伴我同行親子工具書〉—— 結合一些孩子生活的案例及小遊戲，不但可以讓大家看到好習慣的威力，還可以讓你真正學到甚麼是好習慣。

第一部分

健康第一

有哪些保持健康的因素？

如何讓每一個人都可以健康？

　　每個人自出生後，父母就會管理小朋友的飲食。一般來說，都是先給小朋友喝奶，有些小朋友會吃奶粉、牛奶，有些小朋友會喝母乳，也會持續一段很長的時間。基本上，母乳的營養，對小朋友的成長是有很大的幫助的，但長期喝母乳，會導致小朋友的口腔運動能力減低，也會影響小朋友的語言能力，比如會遲一些學講話或者發音不清晰。但是父母們不用擔心，這只是口腔裏面的肌肉還沒有長成，長成之後，發音自然會更精準。當然我所講的是普遍大眾的情況，而非特殊情況。如果是特殊的講話遲緩或其他情況問題，就必須諮詢專業人士或醫生意見。

　　當小朋友慢慢長大的時候，會開始挑食，為甚麼小朋友會挑食呢？很簡單的道理，他們其實不懂得去選擇，因為父母、家中陪伴他們的人，包括鐘點阿姨、工人姐姐等，都會影響小朋友出現挑食。如果家中的工人姐姐是印尼人，他們因為宗教關係不吃豬肉，小朋友有很大機會也會不吃豬肉。父母、家人有不喜歡某種食物、或某種食物令小朋友有深刻的負面印象，以後小朋友就不會選擇這種食物。故此我們千萬千萬不要在小朋友面前挑食，包括工人姐姐也要特別叮囑。否則小朋友養成挑食的習慣，將來長大之後出外吃飯，也不是一件好事。因為大家會客氣、謙讓的，不會特意點一些小朋友不愛吃而大人喜歡吃的東西，這樣會造成一些不必要的尷尬場面。

　　講到健康，自古以來，我們學會的古語：「病從口入」，意思是吃了不衛生的食物或垃圾食物都會有損身體，在日常的

飲食當中，最需要留意的是不要過量。父母一般希望小朋友能多吃一些，快高長大，其實不然。很多父母看到自己的小朋友慢慢長胖，當他們長胖了，你再想幫他們減肥、減食物的分量，對小孩來說是一種折磨。因為他們的胃已經被撐大了，你不給他們吃，他的胃會不接受，渴求繼續吃，結果愈吃愈多，愈來愈胖，這樣也會把小朋友的健康推向不理想的狀態。均衡飲食，要從小開始培養，特別是小朋友在吃飯之前，先給他吃了零食的話，吃飯的時候，他便不會規規矩矩專心吃飯，一般反應是不想吃，因為已經吃不下。父母原本希望小朋友可以自理，自己吃飯，但是因為小朋友不願意吃，擔心他們會捱餓；結果父母會主動餵小朋友吃飯，時間長了會成為壞習慣。請問這個壞習慣是誰帶給他們的？很簡單，如果小朋友不願意自己吃飯，父母不再主動去餵他，讓他們餓一頓兩頓，他們以後必然會乖乖的自己吃飯。很多時候，父母就是不忍心，結果形成了壞習慣。

父母的好習慣

　　家長們，小朋友好習慣及壞習慣都是源自父母的從小培養，如家長們能夠自律，小朋友自然也可以自律；家長們自己的不自律，變成小朋友也不會自律。這也是我曾經說過的「身教」，因為父母是小朋友的影印機，所以對健康有幫助的，是養成不挑食、均衡的飲食習慣。這都是醫生、營養師都會常常告誡我們的。

　　選擇食物，一般來說，哪些是不健康的食物？相信很多

家長們應該知道，煎炸油膩的食物，如：薯條、炸雞、薯片、蝦片等，都會對我們的身體健康帶來負面影響，屬於危害身體的食物。請大家要留意，並非要求一輩子都不能吃，偶然吃一下，之後多做點運動，多喝點水，便可以不相干，所以偶然為之也是無關重要的。

另外，對健康有幫助的就是適當的運動。我本人每天堅持快走一萬步，自從我每天堅持快走之後，發現身體健康比之前更好了，這些都在我定期的身體檢查報告中顯示了出來。年青的朋友，當然可以多做一些長跑、快跑、健身等運動量較大的運動，但是運動千萬不能超越自己能承受的範圍，就是說不能過度運動。當你出現不舒服、有痛楚的時候，要立即停止，並向專業教練請教。

除了飲食與運動之外，人的心情要保持開朗快樂，因為人如果不開心、不快樂、不開朗，充滿負能量，人的壽命必定會受到影響。故此如果想長壽，除了要注意飲食、運動外，也要配合心情開朗。當然，大家可以問，我並不開心，很多事情讓我不開心，那我怎麼辦？不管在家庭、工作、朋友，我都碰到很多不如意的事情，請問如何可以讓我開心快樂，擁有正能量？

尋問題的源頭

我可以告訴大家，如果你願意學習，學了之後有練習好習慣，你一定會開心快樂！原因很簡單，當每一件事情讓你不快樂，不開心的時候，不管是你個人、家庭、工作、朋友的事，

都會有一個源頭，請問這個源頭是甚麼？如何發生？怎樣發生？可否面對解決？有甚麼不能解決？不能解決的原因又是甚麼？你是否拖延了一些問題，讓小問題變成了大問題？大問題在不能解決的時候，就變成大大的問題，而大大的問題又可以怎樣解決？請問這些事情是如何發生的？甚麼事情讓你拖延，因為拖延，是不是需要自己去負責任？沒有主動積極、勇敢的面對拖延了的問題，變成問題愈來愈大？當你做錯了事情的時候，請問你有沒有去認錯，道歉？讓你不開心的人，請問你對他有沒有謙讓、關愛、尊重？請問你有沒對這件事情負責任？有沒有自律？究竟事情是如何發生的？有沒有聆聽別人說話？你對別人的表達是如何的？有沒有好好的說話？有沒有讚美他人？有沒有欣賞別人？你的情緒有沒有控制得很好？甚麼事情讓你有不良的情緒出現？為甚麼不能練習，處理一下自己的情緒？讓自己的情緒從負面變成正面？你做不到嗎？當然你可以做到的！

　　如果甚麼事情不先看源頭，是有意或是無意的讓事情發生？有情緒的時候，不可能做任何的分析判斷。別人講的說話，有情緒的時候是聽不進去的；所以只有在你靜下來的時候，想一想問題發生的原因，如何面對解決？是我自己的問題，還是別人的問題？一個懂得處理事情的人，一定會負責任，一定不會說每件事都不是我的事。相反，一個能力強的人，一個正能量的人，他一定會告訴你，這件事是我的選擇，我錯了，我選擇錯了，是我的不好，我要負上全責，跟任何人沒有關係。如果我是主管，當我選擇別人來幫助我的時候，

別人做錯了也是我的責任，因為是我選錯人選了；如果我是一家之主，家中任何問題，或家人不滿意的事都是我的責任，是我沒有安排好，我需要負全責。如果每個人都有這樣的思維，還有甚麼紛爭、矛盾會出現呢？

　　因為健康需要有良好，開朗，快樂的心情。第一步，我們必須要懂得運用這 20 個好習慣，讓自己更健康，這個就是讓人健康的方法，也是秘訣。雖然是秘訣，其實很多人都知道，但只是知道，卻未能做到，便沒有結果。因為沒有結果，別人又不當成是秘訣，所以看了這本書的朋友，請認真想一想，如果想健康的話，堅持練習好習慣，便會有好習慣的健康結果。

　　至於每天如何保持自己的體重，我的方法是每天洗澡前，先量體重，當第二天再量的時候，如果發現體重增加了，就會刻意少吃一點，以維持自己的標準體重。該運動的時候要去運動，該少吃的時候就要少吃，這樣的話，你的體型才不會有太大的變化，這也是需要毅力的。我做到了，如果大家願意生活更健康，可以作為參考。

　　對於健康方面，其實還有很多可以分享的，因為健康不止影響生活，生病治療期間，還會影響到家庭幸福、工作、朋友交往，以致貢獻社會，都會有很大影響。我不會在這本書討論過多，就在往後其他出版的書本裏面，再深入給大家介紹，讓大家都有一個健康的意識。

第二部分

家庭幸福

怎樣助孩子擁有成長型思維模式？

如何經營美滿的婚姻？

接下來，會跟大家講一下如何可以做到家庭和諧及幸福。家庭的開始是由夫妻倆人的結合，之後有了孩子，當孩子出生以後，慢慢長大，會談戀愛，會結婚又再組織一個新的家庭，其實自己父母婚姻是否幸福，子女是會一直看在眼裏的。父母是子女的榜樣，如果父母經常吵鬧、因出現矛盾而互相指責、互相不滿對方的時候，會直接影響到子女的行為習慣，所以現在的父母需要做好身教。可惜每個人都會有自己固定的思維與行為模式。固定的行為模式也是來自自己父母及原生家庭，父母是子女的影印機，也就是說，現在的父母也是受到他們的父母影響；當然，他們也會繼續影響下一代，結果是一代傳一代。

鬧情緒傷害感情

故此，我在這裏呼籲大家要經常留意自己的情緒，情緒很多時候是來自對方的表達，在人際交往過程中，出現了問題，其中一方表現如果是和顏悅色的，彼此的情緒會較正面，較容易理性地解決問題；但是如果其中一方表現得不尊重、不客氣，以為有理就可以不顧對方的感受歇斯底里的指責；便會影響大家的情緒！當大家都有情緒時，很難專注、客觀地聆聽及分析對方的話語。本來想解決問題，結果變成互相批判和指責隨時會將小事化大，甚至出現更多的爭執，這又何必呢！如果一個家庭，特別是為人父母經常鬧情緒，小則影響大家心情，互相不理睬；大則隨時因看到一些不順意的小事情就破口大罵，衝口而出說些難聽的說話，結果是傷害家

人的感情，傷害最親的人的心靈！

　　是否真的有這個必要呢？回想一下，原來當時沒有珍惜對方，沒有想起對方是一生人的伴侶，以前的山盟海誓、執子之手的誓約，完全拋之腦後。究竟情緒是甚麼？心理學的專家有十分多的演繹版本，其中一個演繹是我十分認同：情緒是人類的好朋友，只有管理不當的時候，才會是敵人。情緒是人的神經系統，當碰到了如意、不如意或驚嚇的事情時所產生的行為反應。每一次有情緒的時候，不管是正面或負面，都是有源頭，有原因的，不要馬上作出反應，宜先了解源頭。只需要問問自己到底想要一個甚麼樣的結果。在冷靜的時候分析問題很容易，但人是血肉之軀，習慣了不開心時要馬上爆發，在電光火石之間，有多少人還能夠冷靜去做分析呢？如果真的有這樣的事情出現，大家可以試一下以下方法：

　　一、可以深呼吸；

　　二、問自己要甚麼結果；

　　三、明知道有負面情緒的時候，是解決不了問題，是沒有結果的時候，還要繼續嗎？如果還要繼續，即表示已經失去了理智對嗎？又會有甚麼結果呢？

　　如果在這一剎那，當有負面情緒時，我建議可以去做掌上壓、坐無影凳，直到情緒穩定之後，就可以開始認真地想想，源頭是從哪裏來的？怎樣面對從而創造理想結果？將負面情緒暫時放下，轉移視線；可以解決很多問題。經過刻意練習，沒有甚麼事情是做不到的，甚麼叫做刻意練習？在很多的資料、書本上也有分析，如果小朋友從小的時候就得到

很好的引導，將來的成就與沒有被系統訓練的會有十分大的差別。

父母對孩子的影響

　　我在樊登讀書會，聽到一本叫《父母的語言：3000 萬字，給孩子更優質的學習型大腦》（*Thirty Million Words: Building a Child's Brain*）的書，這本書於 2019 年在美國育兒書籍排行榜上位列前茅，作者是一名芝加哥大學婦科及兒科教授，她的名字叫做達娜・薩斯金德（Dana Suskind）。她本身是兒科教授，也是醫生，她與她的團隊做了關於幼兒大腦方面的成長專案研究，根據科學研究證實，早期語言接觸對發展中的孩子至關重要。研究專案提到，在 3 歲之前，如果成長於不同的家庭，小朋友從 0~3 歲的時候，掌握詞彙的差異可達 3000 萬個；其中一個原因是如果家長在家中多與孩子溝通，孩子說話也多了，3 歲之前能吸收的詞彙最多可達 4500 萬個。另一個例子是一個家庭的父母沒有時間與小朋友溝通，孩子懂得的詞彙只有 1500 萬個。在三年過程中，兩個孩子的差距逐漸拉遠；認識的詞彙量可以差距達 3000 萬個。研究初步總結，兒童 3 歲前接觸的話語數量與品質，影響腦部的發展與處理速度，而這正是造成學習落差的關鍵。這本書在很多書店都可以買得到的。

　　從這本書的內容確認了與我的思維是相近的，由出生後開始不斷與小孩說話，柔和的聲音，親切的笑容也是讓孩子潛移默化，在不知不覺中學習，所以家長們多親切的與小孩說話是為自己打好日後溝通的基礎。

我們每個人與生俱來，就會有 1000 億條神經元潛能，能轉化成諸多不同的潛力，但是這些神經元需要關鍵性的類神經連接，如同無數個獨立的電話亭需要連接線一樣，這是腦回路的構建。每個人從出生到三歲時，大腦每一秒鐘都會產生 700~1000 條額外的類神經連接。然而數量如此龐大的類神經連接，如果長期保留，大腦將不堪負荷。因此，我們的大腦將通過一個叫做「突觸削減」的過程，削除不必要的類神經連接，淘汰較弱或不經常用的部分。

孩子早期的語言環境，即父母提供的語言環境，很大程度上決定了先天潛能的發揮，父母語言的神奇作用，遠不止簡單的詞彙導入，這是決定特定神經元回路的優勢，持久性和修正神經元回路的必要刺激因素。

這是從《父母的語言》上翻譯節錄下來的一段話。

其實人與人之間的相處也是一樣的，用溫柔而堅定的立場可以讓對方感受到關愛而自律，放鬆了心情，取得了信任，所以父母不管如何，先處理好自己的情緒才與孩子溝通，這至關重要。

成長型思維模式

父母在孩子 14 個月大之前，就已經形成了一種稱讚風格（即選擇了是誇孩子聰明或是努力）。學者們發現，在三歲之前經常受到基於過程上稱讚的孩子，更容易具備成長型思維

模式，這種思維模式有助孩子對抗自我定型。自我定型會嚴重影響學習成績的風險，讓他們不願意自我挑戰，從而不能獲得更大進步。如果父母在孩子幼時多稱讚及用和顏悅色的方式與小朋友溝通，可以幫助小朋友成長時的自我調控，自己以好的情緒狀態做身教榜樣，結果自然會比較理想。

如果父母們因為壞情緒而向小朋友發脾氣、指責、命令、威脅、打罵，這樣確實會影響小朋友的成長，所以我們好習慣的建議是，要用溫柔而堅定的立場下，經常用 20 個好習慣來溝通，這樣可以提醒父母本身，也可以潛移默化地讓小朋友從小養成好習慣，打好基礎。

試想一下，當小朋友出生之後，父母都想給他最好的，但是因為自己慢慢失去耐性，不懂得怎麼去跟小朋友溝通，有情緒，發脾氣，從而影響他們的情緒、腦力發展甚至在成長過程留下陰影，是多麼的不值得呢！每個小朋友出生開始是一張白紙，一張白紙每時每刻都在適應這個世界與環境。如果在家裏是安靜的，他便會習慣安靜的環境，突然到了吵鬧的環境，他就會覺得嘈吵、不舒服。相對來說，如果一個家是人多熱鬧，噪音自然會多。當小朋友適應習慣了熱鬧嘈雜的環境，再把孩子放在一個僻靜的地方，你相信小朋友會習慣嗎？

要討論環境與生活習慣的關係，就是要告訴大家，如果經常有機會帶小朋友外出不同地方，讓他們見識多一點，他的視野就會被擴闊，遇見陌生人，也不易怯場、驚怕。相反，如果常常把孩子困在家裏，沒有太多機會帶出外，當碰到陌

生人、人多或見到不同面孔的時候，小朋友容易倍感不安。如果從小開始帶小朋友出外時，引導他主動積極與鄰居打招呼，問候他人，長大後，他就會習慣了去問候關愛他人、懂得謙讓。孩子在健康的環境成長，充滿喜樂，別人也會因為他和藹可親而喜歡他。

從小學會 20 個好習慣，懂得尊重別人、會珍惜、主動積極、讚美別人、欣賞別人、有良好情緒、付出包容、會感恩、有自律習慣、有負責任，相信你的小朋友一定會卓越。既然父母的行為習慣容易成為小朋友模仿的對象，父母在家中一定要注意與另一半好好相處；否則小朋友也會學了不良的習慣。想要家庭幸福，必須互相尊重、互相懂得珍惜、共同勇敢面對和解決問題。做錯了事情，必須勇於認錯；說話時關顧身邊人的感受，常常讚美、欣賞另一半。這樣的家庭，怎麼可能不幸福呢？我們常常說：「家家有本難唸的經」，其實良好的行為習慣有助解決家中大小事情，令這本經不一定難唸的。

跟長輩相處，只要懂得站在對方的立場、位置去想，怎麼會想不通？我們常常會聽到：「家有一老，如有一寶」，為甚麼會有這句話的出現？這句話的意思，可以說是因為長輩的經歷足夠多，所碰到的成功或挫折都有良好的體驗，所以可以給小輩們忠告，但如果小輩們自以為是，或是覺得長輩們倚老賣老，便會出現矛盾。因為知識、學問讓我們知道，當長輩們有了固有的思維，已經形成了的習慣是很難改變的，你知道了長輩的習慣，他也改不了，只有我們去改變自己，用

謙讓的態度，去珍惜自己的長輩，去包容自己的長輩，對自己的長輩關愛、感恩、付出、尊重他們，是小輩應該做的行為，就算是長輩們的行為習慣令你感覺不舒適，多一些包容便好了，難道還想去改變長輩的想法？想一想，年長的長輩們，他們連學習用手機都不願意，由於現今是科技的社會，有多少智慧的智能工具出現，對他們來說是十分頭痛的事情，逼於無奈可能會勉強學一些，但最好都不用學，因為他們覺得年紀大了，知道的已經足夠了，不願再去學新鮮的事物，只有絕少數的長輩願意不斷學習、創新、求知、進步。所以做小輩的，一定要懂得包容、感恩、尊重、付出、關愛，這樣的家庭怎麼會不幸福呢？怎麼會不和諧呢？

至於已經結婚的朋友，想像一下，你有沒有想過要把對方的父母，當作是自己的父母呢？是否會真心的去相處，願意為他們付出，並珍惜與他們的關係，甚至包容老人家未必合理的要求呢？開始的時候，相信大部分人確實會有這種想法，但真的要相處的時候，能堅持下去的人就不多。可是在結婚前，不是都討論過？不是想好了嗎？但現實是結婚後，很多時候只想着兩夫妻的事情，其他家人有意無意之間就被忽略了。如果真的是這樣想，我可以提醒大家，這是不實際的行為。因為每一個子女，必須向自己的父母負責任，負責任的意思是你要孝順自己的父母，關愛他們，並感恩尊重及付出。難道你只能對自己的父母關愛、謙讓、尊重、感恩及付出嗎？不是的，兩人成婚之後，有沒有想過，原來也是嫁娶了對方的一整個家庭？伴侶的家人也就變成了你的家人，你便要對伴

侶的父母及家人一樣的關愛、付出、包容、感恩、負責任、
謙讓、珍惜。

看起來十分複雜，沒有一個人可以逃避，一定要勇敢面
對現實！解決問題！因為如果你對伴侶的家庭有所不滿，即
代表你對你的另一半也有所不滿，你的另一半又如何全心全
意給你一個幸福和諧的家庭呢？這是一個學問，也需要學習。
人與人之間的相處，可以十分簡單，也可以十分複雜，視乎你
的選擇。簡單的就是學習了 20 個好習慣，讓你的親人，你的
另一半及家人，覺得你是容易相處，懂得尊重別人、謙讓、
付出、包容；兩人結成夫婦，等於是找到一個人生路上的好
夥伴，故此應該將另一半的家人與自己的家人連繫起來，結
成一個強大的團隊。和諧相處是團隊合作的核心要素，有了
團隊合作，這股力量可以很大，因為一支箭容易折斷，但很多
的箭綁在一起，你要折斷便十分的困難，團結就是力量。

良好的表達方式

影響家庭幸福和諧相處的其中一個因素是情緒。良好的
情緒，源於有良好的表達；有良好的表達，即是有良好的溝
通；能給與適時的讚美，互相欣賞，自然可以聆聽到家人們的
心聲，這是好習慣的重要基石，如果有了這三個好習慣的鍛
煉，當成為了規範的行為；其他的事情，就自然很容易解決，
也不會再有「家家有本難唸的經」這個說法了。

當然家庭成員中會有年長的，也會有年青的，也會有小
朋友，特別是在小朋友身上，必須從小指導、鍛煉好習慣。

從小開始鍛煉，養成好習慣，將來必定卓越。父母指導小朋友好習慣，會產出教學相長的作用，父母從指導及教育小朋友的過程中會反省，從而學習到更多好習慣！對小朋友而言，他們只是一張白紙，不要認為他們會講成人的說話，便假設他們明白這些成人說話的意思。他們只是模仿，但深層的意義是不會明白的，所以教育小朋友，其實是一件十分容易的事情。當父母願意多引導、讚美、鼓勵、支援小朋友，他們學習的能力便會加快。相反，如果只是打罵、命令、指責、威脅，他們的學習能力自然會減弱，甚至會對父母不信任，因為當他們做錯事情之後，父母只會指責的話，結果以後小朋友做錯事便會感到懼怕，導致出現不誠實、說謊的情況。

故此多給小朋友良好的表達與引導，甚至他們做錯事的時候，不要當是一回事。因為他們是一張白紙，他們怎麼知道這是錯誤呢！就如我們在成長的過程中，自己犯了錯誤，也會不自知，甚至有時更不願意去負責任，承擔自己的錯誤。年少時由於不自知而犯錯，會影響家人對自己的不信任，甚至朋友對自己的不信任；但知道錯誤之後，能否勇敢的去承認錯誤？如果小朋友從小開始學習面對問題，解決問題，錯誤了懂得承認，將來就會成為好習慣。這就是為甚麼要從小開始打基礎。

要學會這 20 個好習慣，必須要先背熟，牢牢記住，在家中便可以用好習慣的語言對話，無需動氣，當小朋友不願意做功課的時候，如果學會好習慣的語言，只需要說：「你自己負責任，你可以做，也可以選擇不做；你自己負責任就可以了。」

　　記得小學的時候，老師要求我們背熟乘數表，當時候我們只是小學生，為了應付老師的要求，便把乘數表背熟了。到我們成長了之後，也經常可以在日常生活中應用到，對我們有很大的幫助。現在我在這裏呼籲，不管是家長、小朋友，都要背熟這 20 個好習慣元素，因為這 20 個好習慣與乘數表的意義一樣重要，當小朋友與家長都背熟好習慣之後，可以告訴你，你每天都會有機會用到。當你看到小朋友玩手機，超過了要求的時間，你只需要提醒他們「是否應該要有自律兩個字？」而不需要你解釋太多的理由了。小朋友學習好習慣的速度，保證會比我們父母、成年人更快，他們學會了，就開始引導他們去認識，明白每一個好習慣的重要性。

　　好習慣的重要性，在我們好習慣課程、在書本上、在網上都會與大家分享。家長可以如何指導小朋友用好習慣？小朋友可以從聆聽好習慣的故事開始，聆聽了之後可以學習到，並應用到日常的生活裏面，這也是我的心願！我們相信「行為習慣影響結果」，一個懂得尊重、關愛、珍惜、付出、謙讓、包容的人，自然便會享受到這些好習慣的結果；相反的，便要承受這些壞習慣的結果。好習慣創造好結果，一定是正比；在此，大家可以回想一下身邊的朋友、同事，看看他們的好習慣及壞習慣所創造的結果會有甚麼不同。

如何經營婚姻關係

　　在 2016 年，我的兒子結婚了，記得在婚宴上，我與嘉賓說了一些話，我說：「結婚是一輩子的事，在結婚的時候，其

實也沒有想這麼多，只是對自己說，我要為我的妻子、為我將來的子女負責任，便足夠了。但到今天，發現這是遠遠對我家庭的付出是不足夠的。當時我自己認為只要賺到了錢，為自己的子女負責任，安排好的學校讀書，有足夠的金錢給妻子，便算是一個好的男人。回想一下，我並不是，當時我還沒有學好習慣，我做過所有男人都有犯錯的事，但自從研發了好習慣之後，發現原來婚姻當中，關愛對方十分重要，當大家有不同意見的時候，或者，有表達不好的時候，都要懂得去欣賞、珍惜對方的優點，要學會欣賞，欣賞，再欣賞；付出，付出，再付出；包容，包容，再包容。」

　　事實上，我有很多位朋友，因為妻子的霸道、強勢，丈夫原本可以有更好的發展前景，但都會因為妻子的反對而失去了機會。在討論生意合作的時候，妻子都會在旁邊胡亂給出自己的主意、想法。但因為並不是專業人士，所以會讓將要合作的人十分反感，合作的方案也因此便告吹了。試想想，妻子在家裏的分量有多大；妻子的價值，在一個家庭裏面，有多重要。我看看自己的妻子，真的讓我很有安全感。她是一個只要做好家中的大小事務，便會感覺快樂無比，從來不會干涉我在外面的朋友交往，商業決定。所以我有現在的成就，大半都歸功於我的太太。

　　在一個家庭裏面，其實夫妻是一輩子的，子女當然疼愛，但是，當他們長大以後，也有他們自己要去創造的事情，並不會一輩子留在你身邊。而夫妻就是一輩子的，執子之手與子偕老。

鞠應悌博士家庭照

今天吵，明天又吵，究竟想吵到甚麼時候才會停止呢？既然對我這麼看不順眼，繼續在一起，又有甚麼意義呢？吵到這個地步，對方便會停一停，收口，不講了。但到底問題有沒有解決呢？如果已經解決的話，便不會再吵了，即是說，問題其實一直都在，並沒有處理，而是每天、每星期、每月都在不開心、吵鬧的日子裏度過。

究竟如何可以解決？大家都會想知道答案。我的一位家長，在沒有上 30 小時好習慣親子課程之前，小孩喜歡打遊戲機，不喜歡讀書，甚至不喜歡上學，這位家長 J 來問我，如何是好？我說：「來學習 20 個好習慣元素，把它背熟，用在日常生活當中。首先解決情緒的問題，再解決表達是否良好的問題，再學習去聆聽妻子的說話，有甚麼大事你不能接受呢？」

當然，這只是一個舉例，但確實這 20 個好習慣元素幫助到家長 J。在上完 30 個小時的親子課程後，課程期間有練習的時間，活學活用，當家長畢業的時候已經可以很自信地告訴大家：「我的問題徹底解決了，我的兒子現在喜歡讀書，學業進步了很多，妻子與我的恩愛程度，我自己給的分數是 90 分。」

這麼神奇的一個課程，究竟如何能夠做到呢？大家想一想，如果讓你去思考，用這 20 個好習慣元素，你能創造同樣的效果嗎？可能性是十分大的，當然，要花的心血也是不少，如果直接上課，當然效果會更快，就是 30 個小時之後可以達到的結果。

上完 30 個小時課程的家長 J，有一天來問我：「現在我與九歲兒子的感情十分好，他已經十分自律、負責任、懂得謙讓、能夠勇敢面對問題，積極、付出，如有不當，都願意認錯等等……。但有一個問題，我的太太不願意學習好習慣，她認為我已經學了，兒子也學了，她便不用再學。」家長 J 問我如何可以讓太太也一起學會好習慣。因為他已經嘗試去說服太太去學習好習慣，但最終被她拒絕。我給他的建議是，如果他能請兒子去說服自己的媽媽，比丈夫去說服太太容易得多。但你要告訴兒子，這是一個挑戰，如果成功了，會有一份大禮物作為獎勵。幾日後，家長 J 告訴我，成功了，他偷拍了整個視頻，他兒子怎樣去引導媽媽背好習慣，而當他媽媽背了前面 10 個好習慣之後，他興奮莫名，衝回自己的房間大哭，興奮的大喊：「我成功了。」爸爸媽媽問他發生甚麼事情，兒子說：「這個世界是沒有事情是不可能的，只要你願意去做，一

定可以做到！」。試想想一個九歲的小孩都可以說出：「沒有事情是不可能的，都有可能做到的！」這句話價值有多大？結局當然是皆大歡喜。

　　所以，相信好習慣，練習好習慣，創造好結果！

刻意練習 —— 鍛煉好習慣

　　前文曾經提到的「刻意練習」，顧名思義，刻意練習就是有步驟、有目的地練習，要成為習慣，必須要有強烈的意向及熱切的渴望，要十分堅持有毅力，才可成功。在練習的過程中，練習完必須看結果，檢視結果後再改善，再練習，再檢討，再練習，再求知進步創新，才能達到預期的目標。刻意練習有數不盡的案例，比較出名的案例是莫扎特，他在三、四歲的時候，已經能夠寫出樂譜，分辨高低音，這是成年人也不一定做到的結果，為何一個小朋友在四歲的時候已經可以成為音樂天才，難道真的只靠基因？事實是他的父親刻意給他練習，引導他喜愛音樂，像遊戲般、玩耍般去學習音樂。小朋友最喜歡的是有人陪他玩耍，有遊戲可以參與，他的父親就是這樣刻意的與他玩耍、遊戲。通過不斷練習，不斷的進步，便能夠達到目標。

　　中國的古語有話「鐵柱磨成針」，想要把一根鐵柱磨成針那麼細，即是堅持，有毅力，有企圖心，熱切渴望的不斷去磨練。我們在網上也可以找到十分多的案例，四歲的小朋友可以熟背、甚至可以解釋很多的詩詞歌賦，倒背如流，因為他的奶奶從小就開始灌輸這些中國文學知識（如唐詩宋詞等），

讓他不斷的學習，當是一種遊戲，一種玩耍；不斷解釋、講故事，讓小朋友產生興趣。過程不需要強逼，慢慢培養成習慣，才能夠創造好的結果。

強逼與主動

問一下自己，如果有人強逼你去做一件事，你會做得完美嗎？不會！如果是你自己很想要完成一件事情，你自發性的想要，自然會做得更好。我是一個跳國際舞的愛好者，我曾經請教我的一位跳舞老師，她的排名是全世界第七，我問她：跳舞究竟有沒有天賦？她回答我是有的；但是只佔百分之一，其他百分之九十九是需要通過練習，即是我所說的刻意練習。因為她想要有更高的國際排名，她有企圖心，所以她必須每天練習 6~8 小時以上。除此之外，她再找名師、教練去改善再改善，達到一定的效果。這位導師還指出，就算現在全世界最好的選手，也是經過這種訓練的模式才得到冠軍。

一個自嘲說自己不會唱歌的人，形容自己五音不全，但如果他有熱切的期望、企圖心，想要把歌唱好，他便會非常的專注，而且不斷努力練習，再改善再練習；最後可以成為歌手。現在的歌手，很大部分都是刻意練習所得到的結果。當然練習需要有系統的培訓，或是要有成就的教練支援，才會有結果。綜合上述經驗得出的結論是：世上沒有天才，只有刻意練習，才能達到高水準的成果。當然，愈早鍛煉，成功機會愈大。如一個年輕的人去學駕駛，學習的速度一定會比成年人、中年的人更快，這是不需要爭辯的。

　　如果，想做一個負責任的家長，必須準備好，當孩子年紀小的時候，趕快培養他們有良好習慣，打好基礎，可以保證他們將來的成就，必定卓越！緊記練習才會有結果，「知而不行」是不會有結果。

　　人的一生可以十分簡單，也可以十分複雜。當一個人說他要求的不是卓越，只想平凡一生，當然甚至有些人會說，他要的是聖人之道、中庸之道，或是想成為一個平庸的人，都可以理解。想要成為卓越的人，必須要很努力付出，才能達到卓越！當一個人習慣了不努力，或者屬於一個懶惰的人，或者是一個喜歡待在舒適地帶不願改變的人。這些人基本上不會願意去求知，進步及創新。結果便變得平庸，這是每個人的選擇。也有一些因素是上一代的父母，未必懂得如何有系統地培養及教育子女，才會有現在社會上不和諧、不信任、互相指責的結果。這是我看到，而真正希望能改變的。如果看了我這本好習慣的書，而學會了這20個好習慣，你就可以成為一個懂得負責任、懂得指導小朋友，做一個更好的父母！你的小朋友學習了你所教導的好習慣，創造了好結果，一代傳一代，以後所有你的下一代，都是卓越的。當然，不能去指責或是怪責我們的上一代，因為他們沒有學會又怎樣可以去練習好習慣，怎樣指導下一代呢？但要強調的是，學會了的意思是要不斷的練習才會有結果！

　　所以今天我想做的，是秉承我們祖先的「修身，齊家，治國，平天下」的理念，讓一代又一代的承傳下去。學好了好習慣的家庭一定是幸福、和諧及快樂的！現在我們從新聞可以

看到，家庭不和的案例，比比皆是，離婚的夫妻百分率有多高，難以想像，難道在結婚的時候，都選擇錯了對方？當然不是！難道分開了，又可以選擇到了比以前更好的伴侶？當然不是！問題出現在哪裏？自己負責任、自己的問題、自己的行為習慣，所造成的結果。

在我創業期間，我有一位同事 T 君，工作十分勤奮，但思維相當狹窄，當然我也不懂如何教他人生道理，在公司中與另外一位女同事相處後結婚了。但結婚後因為這位 T 君脾氣並不好，主觀性十分強，而他的太太也屬於主觀強的人，所以常常小吵導致大吵，當然各說各的不是，結果便離婚了。

如果當時有好習慣的話，先解決自己的情緒問題，聆聽對方多一些，表達可以好一些，積極面對所有存在的問題，勇敢共同解決，認錯，多關愛對方，要相互為一段難得的婚姻負責任，多包容、多付出，不懂的可以求知進步，解決疑慮，又怎麼會離婚和後來的各奔東西，結果各人的下場仍是不堪的。所以練習了 20 個好習慣，又怎麼會再有離婚的情況發生呢？我從好習慣學會了，原本結婚就不僅僅是兩個人的事，而是娶回來的新娘，及其家人都是我是要關愛付出的；同樣的，你嫁了給對方也是連對方家庭都是要一併照顧好的，因為雙方的行為得到的結果，便是因果了！

人生中「兩個消息」與「三不做」

關於人生兩個消息：

　　親愛的朋友，請想一想，在你過去的人生中，有多少次因為情緒不好的時候說出了十分尖銳的話傷害你最愛的人。為甚麼我要強調是最愛的人呢？因為從過往的案例及人生的經驗來說，一般講最傷害的話，都不會是你對朋友指責的，而只會對自己最親、最愛的人。但為甚麼對最親、最愛的人反而會說出最傷害的說話呢？因為覺得是理所當然，忘卻珍惜，這些往往都是最致命的、難聽的說話，甚至想用說話來殺害對方，你有做過嗎？

　　這裏有兩個消息，一個是壞的，一個是好的。壞的消息是，因為你過往所表達的所有難聽的、有殺傷力的說話，已經深深的種到了自己最親愛的人的心裏面，成為一道裂痕，如果不懂得把這道裂痕修補，這道裂痕將會永遠印在對方心裏，也會讓你一輩子後悔。但好的消息是，你根本沒有真的準備要傷害對方的感情，只是因為情緒處理得不好，這時候的情緒便是你的敵人，驅使你去傷害自己最親愛的人。當有情緒而導致一個人講難聽的話，如果是理解的就會知道不是

事實，而是因為情緒影響神經系統而作出的一種愚蠢的反應，導致最親愛的人受到傷害。

好消息是，因為你不是故意，不是你心裏真的想做的事。所以如果願意勇敢面對問題，解決問題，向你最親愛的人，真誠、衷心的認錯，不管你用甚麼方法，必須要告訴對方真相，只是因為情緒蒙蔽了眼睛，導致自己做了愚蠢的事，請求對方原諒、包容，承諾絕對不會再犯，萬一情緒再一次自控不了的時候，預先請求對方要提醒自己。如果願意按照我的引導去做，你最親愛的人，心裏面的這道裂痕便會很快消失，而你也不需要為了做過愚蠢的事而後悔，勇於認錯，請求原諒、包容。這不是一個好消息嗎？大家切勿當作是耳邊風，馬上準備積極行動，找一個適當的時機，去表達你的真心愛意，絕不會再犯這些愚蠢的行為。

而因為好習慣可以指導大家在情緒上有所改善，當有情緒的時候，必須問一下自己究竟想要怎麼樣的結果？自己是不是一個愚蠢的人？你便會找到答案，情緒自然會消失，繼而積極找源頭，勇敢面對解決。大家不要當作是開玩笑，這種事情可大可小，所以情緒可以令你表達非常好，也可以令你的表達成為致命的一擊。請大家謹記！因為家庭的情緒問題解決了，自然地，家庭的幸福又重新開始了，大家同意嗎？

各位親愛的朋友，現在我們來談談認錯，看看身邊的朋友、同事、親人，有多少人是不願意認錯，覺得認錯是一件十分丟臉，沒有面子的事，如果你也是這樣想，你錯了！

　　如果當自己都認為自己做的是錯的話，為何沒有勇氣去認錯呢？就算不是真的錯了，但向自己最親的人，去討好，去認錯，不是一件更光榮的事嗎？人的弱點，就是不願意輸，想一想，其實贏者常常會是輸家，你有胸襟，你有寬容，你有量度，你才可以輸得起。

　　小朋友凡事都要贏，在家裏，你讓小朋友輸了，小朋友自然會不開心，你與他玩遊戲，讓他輸了，以後他就不會再願意跟你玩耍了。小朋友很喜歡與你玩耍，如果你讓他贏，他會喜歡你，他也因此建立了對你的信任，因為他也知道，有時候，是你讓他的，在成人的眼裏，難道不是一樣嗎？此事大家有沒有細心的去想一想，原來強者才會向別人示弱，每一個人都要強，好勝，要掌控，自己感覺良好，但是，想一想對方，被你掌控的人，他的心情會如何呢？他的感受如何呢？到最後，就是要脫離你的安排，你的掌控，儘量避免與你見面，這個會是誰的損失呢？

　　愛，是寬容的；愛，是包容的。每個人都有愛，但不懂得用，愛的存在便減低了價值，在前面所提及的，當自己傷害了最親愛的人，而不懂得找時間去勇敢的認錯，去請求對方的原諒，去擁抱，去愛，這個便是傻子。因為在最親的人面前，根本沒有面子不面子的事，最親的人，面對面就是光溜溜的，還談甚麼面子呢？有勇氣的去認錯，去愛，敢說自己的不是，才是一個真英雄，真豪傑！如果還沒有行動的，請立即行動，不要再拖延了；因為有愛才有幸福！

人生只有三件事不應該做：

第一件：影響自己健康的事不能做。所以，不能暴飲暴食，不能不衛生，要有適當的運動，如果是為談生意而要喝很多的酒而影響身體的，我情願放棄；因為，影響我的身體比甚麼都不值得；

第二件：當投資會危害到金錢，有風險的投資而不知道代價時，是不應該做的。亂聽別人的貼士，人云亦云，自己沒有做好風險評估，就盲目的去投資買賣基金、股票，後果自己要負責任，必須要知道代價。尤其是賭博，僥倖的讓你贏了一兩次，就以為自己很了不起，難道你不知道，賭場所有的建設、裝潢、開支等等，都是由賭客來承擔的嗎？當然，娛樂是可以的，所以賭場又名娛樂城，娛樂的意思是不影響你的生活、不危害到你的生活品質、你的心情，當然可以娛樂，對嗎？

第三件：影響自己的名譽的事不能做。如果因為利益傷害了別人，偷呃拐騙，存在欺騙的成分，到最後事情總會曝光，這時候名譽便一掃而空。名譽對人生才是面子，有時候有些人以為是好奇心，而去說別人是非，說別人的不是，在自己的角度認為某某人做些事情不應該。「來說是非者便是是非人」，當是非說得多的時候，總會碰到很大的危機，自己還沒有管好自己的結果，自己還沒有做到完美的時候，又怎麼可以批評別人，又怎麼可以說人家的不是呢？又怎麼可以胡亂的說人家呢？甚至有些事情自己都搞不清楚，以訛傳訛，結果傷害到別人，你以為跟自己脫得了關係嗎？不是的，你的結

果會因為自己所做的一切不是，最後是自己承受。人與人之間常常會發生很多這類事情，其實對自己的名譽是十分不好，因為你說人家的不是，別人也會說你的不是，便成為是非，有時候更會無中生有。有時候別人也會生氣，最終會禍及誰？最後不還是會禍及自己？所以，清楚了解，若要人不知除非己莫為！這世界哪會有秘密，秘密遲早也是會曝光，所以覺得不應該做的事，請三思！名譽，是人生的名節。甚麼叫爭氣，爭氣也不就是為了名譽？也不就是為了證明自己的價值？

　　所以，以上三件事情，不應該做的，便不要去做。但是，向自己最親的人認錯，去道歉，去請求寬恕，這個才是勇敢的人，勇者無敵，最親的人的生命中就如同是自己的生命，是一輩子的，無限溫馨，無限安慰，切勿忘記初心！

　　在人生三不做系列中，有一個重點大家要牢牢記住，「己所不欲勿施於人」。

　　意思是自己不喜歡的東西，不要強加於別人身上。如果你不喜歡別人對你發脾氣、批判你、你說話時不聆聽。你也不會喜歡身邊的人做事拖拉，不主動積極、遇到問題就逃避、不勇敢面對問題解決問題、做錯事不懂得道歉認錯、做事虎頭蛇尾沒有毅力、不懂得自律、不懂得負責任、不懂得珍惜、不懂得謙讓，對嗎？

　　回想一下自己有沒有經常對別人發脾氣、沒有聆聽別人說話、批判別人。尤其是父母對自己的小朋友，經常不知不覺的進行批判或命令，如：做功課慢、字體寫得不整齊、不勤奮讀書、沒有自律等等。

　　到底父母自己有沒有做到自律呢？自己在吃飯的時候有沒有在玩手機？走路的時候有沒有一邊走一邊看手機？有沒有為自己的健康負責任？其實我們會在不知不覺中犯了「己所不欲勿施於人」的這個毛病。當我們可以在日常生活中也經常告誡子女的話，他們也會習慣性的牢記住這句話了。

　　20 個好習慣元素，都是在提醒我們「己所不欲勿施於人」這個原則。

　　另外，我還想提醒家長們，平常我們在家要多跟孩子提及好習慣，在潛移默化的影響下，他們很自然的就會牢牢記住，銘記於心。

　　其中有一句對我影響很深刻的話：「少壯不努力，老大徒傷悲」。有時候小朋友會偶爾出現懶惰、不願意做事、不願意努力讀書，我們就可以用這句話來提醒他們，問他們想先苦後甜；還是想先甜後苦呢？多說類似的提醒說話，或者跟他們說：我們做人要願意付出，不要怕吃虧，因為願意吃虧的人，就會在不知不覺中佔到更大的便宜，這句話是小時候外婆教我的，在我生命中確實是一生受用！

　　如果家長們可以經常用這幾句話來提醒孩子們，當他們長大後，能真正做到這幾個重點，一定可以幫助他們收穫精彩的人生。

　　如果情緒處理好了、表達處理好了、聆聽處理好了，基本上一生就已經會有很好的基石，因為這三個主要的好習慣都處理好之後，你自然會想學習多一些主動積極，尊重別人，多些謙讓，多些關愛別人。學會多珍惜身邊的人、你的

時間、你的工作、你所擁有的,更會學習團隊合作,求知進步創新,懂得感恩、付出、包容,這些都是因為有了好的情緒,良好的表達和聆聽,從而更容易可以認識練習其他的好習慣。

如何幫助孩子拿到好成績

　　現在我們來談一下父母最頭痛的問題，當小朋友到了六歲，開始上小學一年級，如果家長們之前有讓小朋友背熟 20 個好習慣，練習好 20 個好習慣，當去找小學的時候，老師進行面試時，小朋友就可以很自然的顯示出他們的教養，會有禮貌的、尊重的向老師們表達。當老師們問到小朋友平時在家裏學了些甚麼，做了些甚麼的時候，小朋友便可以誠實的告訴老師學了 20 個好習慣，並能很好的解釋到好習慣的意思。我相信小朋友被錄取的機會是十分高，一般老師不會選擇背誦知識多的小朋友，他們比較願意選擇懂得好的行為習慣、有好品德的小朋友，所以這也是幫助父母解決去申請小學的問題。

引導、讚美、鼓勵、支援

　　當小朋友開始正式上小學，學校必然會有功課讓他們回家做，在這個時候，父母必須給予引導、讚美、鼓勵、支援。引導他們寫字可以慢慢寫，寫字愈來愈好看，讚美小朋友的學習能力很強，欣賞小朋友上學的態度，做功課的積極性，認真、負責任。因為得到了父母的讚美、鼓勵、支持，他們會

喜歡，並開心地去完成功課，願意主動學習。反過來說，如果用命令、指責的態度，不良的表達，便會引起兒女的反感，結果會對做功課、對讀書、對上學有抗拒，這時候要去矯正便不容易了。

再說，為甚麼小朋友會不誠實呢？為甚麼小朋友到了中學之後會出現反叛呢？在書中有提及，因為小朋友上了中學之後，受外界影響的機會比較大，而在家中因為每次誠實帶來的結果是被父母質疑為何這樣做的話，父母指責的態度只會令小朋友產生恐懼，甚至因為誠實告訴父母做錯了事情，仍然受到苛責，因為恐懼，最終便會說謊。

如果父母懂得運用好習慣中的引導、讚美、鼓勵、支持的話，除了不會怪責之外，還會問他們為甚麼這樣做，找出源頭，然後一起面對問題，去處理。並會問小朋友我們想要創造甚麼樣的結果，而這個結果自然是大家都感覺良好的。

因為有父母的引導、鼓勵、讚美、支持，小朋友就再也不會怕誠實，所以不誠實也是有原因的。尤其是上了中學的青少年，他們的反叛，其實理由是一樣的，因為每次他們要求去一些活動或者有一些想法，都會被家長們否定，讓他們覺得十分沒趣，以後為甚麼還要與家長溝通呢？明知道每一次都會被拒絕或者被責罵，會產生不被尊重的感覺，他們就會感覺到沒有尊嚴，其實與我們成年人是一樣。所以，就算他們明知道父母說的道理是對的，但也不願意接受，因為他們是同樣用父母對他們的方式去回應。如果能夠運用好習慣與青少年溝通，用引導的方式，不管他們是對與錯，對的就多讚

美、鼓勵、支持；如果不合理的想法，只要能夠和顏悅色，用溫柔而堅定的立場引導，提出這樣的做法是想要創造甚麼樣的結果？我們可不可以一起把這個結果變得更好，讓大家都開心？如果用溫柔而堅定的立場去溝通，青少年又怎麼會出現反叛呢？

所以請家長們注意，必須練習到這一點，否則會因為自己的情緒，聆聽，表達沒有練習好，在家中對小朋友、對另一半都猶如埋了一個定時炸彈，小的可能會受傷害，大的更會引發災難。因此，小小的建議就可以創造家庭幸福和諧的結果。

聆聽的重要

親愛的家長們，我們一定要有良好的表達，能讓小朋友感覺良好，才會達到你心目中的結果。在上課的時候，如果小朋友已經有了聆聽的習慣，他們考試的成績必然不會差，因為，在上課的時候，每位老師都是在教課本中的重點，考試的時候，必然也是考課本中的重點範圍。顧名思義，小朋友在上課時學習到了重點，考試成績還怎麼會差呢？

聆聽的習慣，由小朋友從小學、到中學、甚至到大學，都非常管用。因為老師上課講的重點，便是考試的試題，他們只需要溫習及了解好重點，成績自然會好，也把父母們心中的一塊大石放下。看看周圍的朋友，對自己的孩子都十分關心，而導致很多的情緒，導致不良的表達、指責、命令、威脅，到最後得到的結果是抗拒、反叛、說謊，最後引致父母們更多的情緒，更多不開心的結果，因為「行為習慣影響結果」。

　　故此練習好習慣既可以解決他們讀書的問題，也可以讓他們與父母溝通十分和諧、少了負面的情緒、有了幸福和諧的生活，20 個好習慣的價值，是沒有任何東西可以替代的，是沒有任何學問可以替代的。因為有了良好的溝通，良好的表達，互相的尊重，勇敢的面對問題，解決問題，懂得認錯，對學習有十分大的幫助。如果要強逼小朋友去做他們不願意做的事情，效果自然事倍功半。如果可以引導他們有良好的溝通，他們學習的就會是事半功倍的。

　　子女到了升中的時候，如果能用到好習慣面試，進自己心儀的學校的機會便可以加分。上了中學，如果沒有好習慣的基礎，與子女的溝通會更加困難，原因是上了中學之後，子女會受環境的影響更多、更大。例如老師的教導，同學間的朋友感情，慢慢的會產生愈來愈大的影響，如果子女從小有好習慣的基礎，被影響到的機會會減低，而且學壞的機會也會減低。

　　讀書主要還是需要專注的聆聽，有了聆聽的基礎，考試成績自然不會差，子女到了中學的年齡，他們愈來愈希望得到自由，如果能夠擁有自由，他們會感覺更好，子女總是會覺得父母管得太多。當父母懂得引導子女，告訴他們是有機會可以擁有自由的，但前提是必須要做到三個條件，第一是要誠實，第二是要自律，第三是要懂得負責任。這三個條件的要求，是為了他們的健康，他們的求學及他們的交友，如果能夠做到誠實地告訴父母他們的日常生活，起居飲食，確保沒有影響健康的話，可以對自己的健康負責任，又有自律的話；

同樣地在學習方面，如果可以誠實的告訴父母在某個科目的學習成績較差，需要補習，至少父母可以幫助一起解決問題。子女懂得誠實的告訴父母，交了甚麼朋友，父母便不需要擔心子女交了甚麼壞朋友。如果子女能夠做到自律，對自己的學習負責任，對交朋友也能做到自律、負責任，這樣，父母就根本就不需要花太多時間去管住孩子了。

在其他的好習慣方面，如果小朋友有了基礎的話，自然就可以不斷練習更多更好的習慣。有了這些基礎，在畢業之後，要面對社會，開始找工作了，他們找工作也絕對不會有困難。

在這裏我必須強調，我讓小朋友學習聆聽的習慣，不止是要來應付考試取得好成績，也是幫助將來在專注聆聽家人也好，同事也好，朋友也好。有聆聽的好習慣可以知彼解己，了解別人心裏想的話，與別人的溝通自然會更加好。

求知、進步、創新

在讀書方面，我不是想小朋友取巧，但是我自己認為現在的教育並不理想，用填鴨式的教學方法，確實浪費了小朋友的開拓思維。我不認為死讀書重要，我認為行為習慣更加重要，大家想一想，究竟大家在畢業之後，在學校中學習到的知識，有百分之多少能運用在日常生活及工作裏面？坦白說，我問過很多專業人士，甚至一位律師，一位醫生，一位會計師，他們的回答也是只用了 50%，但如果不是專業人士，在學校學到的知識又能用到多少呢？比對來說，行為習慣，在任何時間都能運用。在我的 20 個好習慣裏面，求知，只是其

中之一部分，有了好的行為習慣，自然會根據自己的需求去求知，例如，你在學校時修讀的是理科，面對的工作可能牽涉到文科的知識，這並不代表你沒法應付這份工作，而因為有了好習慣，你知道只要有毅力、勇敢、主動積極、刻意練習，一定能成功達到你的目標。所以，我強調知識是重要，但好的行為習慣更為重要。

如果大家有聽過 STEM 教育的話，STEM 是代表：Science 科學，Technology 科技，Engineering 工程，Mathematics 數學。當今的流行教育便是這四個範疇，因為已經去到科技年代，工程，計算器，人工智慧，都是由 STEM 方面演變進步而得到的結果。如果從小開始引導小朋友對科學常識、數學工程、自然學，提高他們對這些方面的興趣，方法是多給他們機會講解這一類的知識，激發他們的好奇心而去多問一些問題，如果遇到父母不懂的，可以一起在網上搜尋，了解小朋友所問的問題，共同去找答案。當小朋友長大的時候，他們自己也學會去了求知、進步、創新。但基礎是父母的引導、讚美、鼓勵、支持是對小朋友將來想創造的成就、結果甚為重要。如果父母懂得如何引導、讚美、鼓勵、支持的話，可以更好的啟發自己的子女往 STEM 方面發展。

所以，源頭仍然是父母的教導。

第三部分
求職與工作發展

如何成功求職和得老闆賞識？

創業困難嗎？

　　當子女畢業後找工作，如果有好習慣的基礎，找工作可以說完全沒有難度，因為他會提前做好所有面試的準備，因為有了很好的準備，可以了解面試官所想要的人選。即是說，每一家公司，每一個企業，他們想要的人，是能夠為公司帶來價值的，而好習慣便能很好的體現這些價值，如在面談中，有良好的表達，可以讓對方知道如果你被錄取的話，你會有多主動積極，願意謙讓，不計較，不會要求甚麼福利、甚麼薪水，只要求給予機會去表現你的承諾，能夠為公司創造結果。因為你的態度、你的良好表達，你懂得聆聽對方的要求，能夠順着對方所講的事情，充分顯示你可以勇敢的面對和解決問題，願意付出與包容。試想一下，如果你是一個面試官，當你碰到一位願意學習，不計較，態度讓你感受良好，儀表整潔，行為大方得體，有良好表達的青年，也承諾了不計較任何的福利、工作時間，願意在公司中創造價值，你會不給他機會嗎？好習慣的價值自然出來了。

　　在試用期的時候，當你表現出不計較，你的謙讓，付出，關愛同事，團隊合作，主動積極，勇敢面對問題，解決問題，做錯了懂得認錯，這種員工其實是十分少有。而因為你的毅力與表現，會讓公司給你更多重要的工作，經過一段時間之後，必然有加薪升職的機會。又做最壞打算，如公司覺得這些都是理所當然，不懂得欣賞員工的話，因為你的刻苦耐勞，不斷學習，求知進步之下，別的員工用兩年時間才學會的事情，有好習慣的你，用一年就可以完成，有這樣能力的員工，哪一家公司不想爭取錄用？其實給予你更多工作的機會，創造更

大的結果，是因為你有了好習慣，本書前述的健康與家庭和諧幸福問題，可以全心全意投入工作。

運用好習慣創造更大的價值及結果，公司絕對不會有發展阻礙，甚至有可能給你創業的機會。所以，練習好習慣的重點是要從小開始，才可以得心應手；當然，年紀愈大，學習的能力便會愈低，這是自然的，因為大家知道習慣是不容易改變，有了壞習慣去變為好習慣，非常困難；同樣，有了好習慣變為壞習慣，也是不容易。當你選擇學習好習慣，因為行為習慣影響結果，當然要不斷練習好習慣獲得好結果，這是定律。

其實，以上所說的都是有根據的，因為在多年之前，我有一位好朋友，他在澳洲讀酒店管理畢業，然後到處找工作，但去到每一家酒店，大家看他的簡歷都認為沒有經驗，都不願意聘請他。彷徨找不到方向的時候，有一位高人指點他如果他能夠做好準備，想去哪一家酒店都沒有問題，酒店錄取的機會十分之大。這位高人對我朋友說：「當你去面試的時候，除了你的衣着、儀容整齊之外，你一定要有良好的表達，尊重的態度，以這間酒店或是公司作為你心儀的目標，向對方表達你的誠意，你的承諾，誠實的告訴對方，你是一個沒有工作經驗的人，但是有一顆主動積極、熱誠的心，不要求任何福利、工資的情況下，又願意做任何工作，只要公司委派給你都會接受。你不會計較工作的時間，要加班也十分願意，而且不需要拿額外的加班工資。」

就因為他良好的態度及表達，去了三家酒店面試，這三

家酒店都願意錄取,他選擇了其中一家酒店之後。在試用期間,他兌現了承諾,最早上班的是他,最晚下班的也是他,他也願意關愛他人,願意付出,為他人完成還沒有做完的工作。其實,之前也有提過,每個人的一舉一動,都會有人注意,相當於我們自己也在觀察別人,別人不知道我們在觀察,同樣,別人在觀察我們,我們也不知道。

　　所以每個人的一言一行,行為習慣,都有十分多的人會注意到,尤其是公司的同事,我這位朋友,在試用期間,兌現了他所有的承諾,而且都是好習慣的表現。結果受酒店重用,再加上很多人看到他的能力,很多企業家、大老闆都想挖角,也因為他傑出的表現,到最後他成為了很多家企業的股東。這個是一個鮮活給大家參考的例子。其實做人做事十分簡單,如果大家相信,因為自己的行為習慣得到的結果,這便是好習慣的因果論。

　　自己不喜歡被人指責,不想被人不尊重,不喜歡別人太計較,喜歡被別人關愛,喜歡得到別人的讚美,喜歡別人可以聆聽自己的心聲,喜歡別人以良好的情緒對待自己,但究竟自己能不能夠做到這些對別人的要求呢?

行動帶來好結果

　　人生就是這麼簡單,把最好的先給別人,不是等待別人先給我們,這個有非常大的差別。等待是不會有結果,拖延是不會有結果的,行動起來才有結果,有效的行動可以不浪費時間,所以先對別人好,以所有的好習慣對待別人,將會得到

的回報，是無可限量，不可想像及意料之外的，這個也是我的
經驗，體驗，結果。

　　所以如果大家有細心的去看這本書，找工作根本不會有
難度。當然，20個好習慣是需要練習的，練習了之後去找工
作，自然會有好結果。如果你能在試用期兌現你的承諾，表現
出你的主動積極、良好的表達、聆聽的習慣、善於管理情緒，
讓同事們覺得容易相處；在工作機構內發揮團隊合作的精神、
珍惜工作的機會；與同事保持友好關係，努力完成上司指派
的任務；加薪升職指日可待。

　　我常常與家長們，朋友們開玩笑，我說：「如果練習好好
習慣，只要你的人脈關係資源豐富、你的朋友、同學創立了
自己的事業而發達了，也就等於你也發達了。」原因十分簡
單，一個成功人士，一位企業家，他想創造更大的商業王國，
更大的事業發展，他必須找更多人才。人才是有良好的工作
經驗、有誠信；不會計較工作的時間，會主動積極、勤奮努
力工作；與同事間的相處，能尊重、關愛與謙讓。細想一下，
他不找這些人才做合作夥伴，還會找誰呢？

　　換位思考，當你創造了自己的事業王國，你會找誰來幫
助你一起發展？意思完全一樣，所以不要說找工作困難，賺
錢困難，生活困難。有了20個好習慣，基本上已經沒有了困
難兩個字。在職場內，如果你付出了自己所能做到的好習慣，
卻發覺回報結果並不理想；其實，也並沒有吃虧。假設別人
要用五年才能掌握的工作經驗，因為自己能夠活用到好習慣
基礎，只用兩年的時間已經可以相等於別人五年的工作經驗。

在任何公司、企業去發展，也必然有一定的結果。又因為活用了 20 個好習慣，會吸引很多人注目，自然也會有較多的機會，讓別人去找你合作；甚至會有金主、有錢的人願意支持你去創業，這不是事半功倍嗎？

創業之前，活用這 20 個好習慣，創業也必然會成功；因為，你有求知、進步創新的能力，主動積極找到市場的需求；又因為你懂得尊重別人、謙讓別人、關愛別人、懂得負責任、自律、珍惜等好習慣；找員工絕對不會有太大的困難。創業的時候，把基礎打好了，一步一步的發展，也就可以創造一個王國。當然創業不容易，因為風險不少，所以必須詳細策劃，要知道冒險的代價，也作好最壞的打算，但活用 20 個好習慣，相信成功的機會率可以大大提高。

對市場不了解的，必須要找專業人士詢問求助。多求知，獲得的資訊就會增加，風險自然可以減低。事實上，要策劃一個事業，也不是在這裏可以用三言兩語便能夠說清。往後，好習慣系列中，會有更多線上線下的創業課程資料提供，這裏就沒有辦法用更仔細的篇幅去細說了。

第四部分

為自己創造價值

積極主動可帶來好結果？

廣結值得信任的朋友有甚麼好處？

　　談完工作，接下來我們可以討論一下，活用 20 個好習慣對朋友的相互交往，如何能夠幫助你加分。在目前社會狀態，你會發現很多時候，人與人之間互不信任，很難真誠地交往。特別是初相識時，大家都抱着觀望的態度，等待別人先敬我一尺，自己才會去敬人一丈。事實上，這是不理想的，因為每個人都在等；沒有主動積極，大家都在被動的觀望，又如何能與朋友拉近距離呢？當朋友做了一些令自己感受不好，不如意的事情，引起了自己的情緒，怎麼辦？

　　如果懂得活用 20 個好習慣，當然便會知道，如何去包容對方。因為某程度上，我們的朋友也是一張白紙，即是說沒有人願意被人討厭、被人不認同。就是說在這個環節上，這位朋友，不懂得去表達或溝通。不是一張白紙，又會是甚麼呢？我們學會了 20 個好習慣，自己先做好榜樣，願意包容之外，也願意付出，謙讓的去指導他要有關愛的行為，珍惜這位朋友，引導、讚美、鼓勵、支持這位朋友。讓朋友感受到尊重，讓這位朋友知道錯誤的源頭並如何去糾正，而沒有被無端的指責嚇到；朋友自然會感恩你能糾正他們的錯誤，這樣會讓對方更珍惜你的存在，感恩你的付出！

　　在生活裏，朋友與朋友之間的互相信任，有做得不對的地方時，要勇敢的表達自己的過失，積極的去幫助別人。你的毅力、自律、負責任，讓你的朋友感受到，於是很放心的與你成為知己，將你視為可訴說心事的樹洞。所謂相識滿天下，自己能活用 20 個好習慣，知己一定比別人多，但選擇朋友的權利仍是在自己手中，即是說你可以選擇你所交的朋友，因

為朋友們都感受到你擁有好習慣的態度，朋友自然多；但值得注意的是，你也不可能有太多時間去接受所有喜歡你的朋友；必須懂得選擇；所以活用 20 個好習慣，交朋結友可以說是從心所欲。當然，想找結婚對象，活用好習慣，也可以讓你有更多的選擇，因為懂得活用好習慣的人太少了，所以，你的受歡迎程度必然大大提高。

擁有好習慣的人，找對象更沒有困難了，甚至，如果你沒有時間去找對象，別人也會願意為你介紹，這不是一個事半功倍的結果嗎？在生活裏面，朋友是必不可缺少，但往往朋友之間會發生十分多的摩擦、矛盾。若能夠運用 20 個好習慣，很多問題便迎刃而解。如果我們還能夠感染別人，一起來學習好習慣的話，相信我們的生活圈子會愈來愈大，對這個社會的貢獻也會愈來愈大。

而找工作沒有困難的原因，是因為在求學期間，認識到的朋友也不少，很多同學的父母或是父母的朋友也有做企業高管的，也有做老闆的，自然很容易介紹你去找一份工作。

在我創業期間，其中一位同事，他能言善道，但是壞習慣也不少。雖然我給了他股份，他也賺了不少錢，但因為種種原因，常常入不敷支，而且還影響到他給家中的家用。他比我年長一歲，但他完全沒有理財觀念，結果我幫他做了一個理財計劃，把必要的家用先扣起來，直接轉給他的家人。後來他的兩位子女要去美國讀書，費用就因此能預早準備好了；加上子女在國外讀書的時候，認識了不少同學，而當中，有很多的家長都是企業家，在他們畢業之後，更邀請了理念相同

的同學們，往自己父母的企業工作，這位同事的子女也有被邀請。這個實例的重點說明了，如果不懂理財，子女有可能就此失去較好的學習機會，而得不到更多人脈資源，結果便會改寫，學懂理財也是人生當中一個好習慣。

另外，我常常開玩笑說，只要你交遊廣闊，認識的朋友夠多，你的行為習慣有助到令你的朋友欣賞、尊重你的話，任何一個朋友有了自己的事業，也就等於自己也會有事業；因為一個創業的人士，必須找很多有能力的、有好習慣的夥伴做拍檔。試想一想，你有好習慣，你便是其中一個被邀請一起創業的人了，對嗎？

所以，我經常強調必須從小練習好習慣，有了好習慣的基礎，行為習慣自然優越，可以創造家庭和諧氣氛、讀書的成績不會差；畢業後可以比其他人更快找到好的工作。在工作的時候，可以展現你的能力，有快速加薪升職的條件；也會吸引到很多人願意找你合作。當有一天你想創造自己的事業，也不會有難度了。

行為習慣影響結果

　　行為習慣影響結果，你有好習慣就可以創造好結果！

　　這不是天荒夜譚，是真的可以發生的！

　　有時候不知不覺會有很多朋友來找你，他們會邀請你一起去創造好結果，原因也就是你平時的行為習慣，讓他們可以放心。當他們放心以後，有很多好的東西，會願意與你分享；你自然會變成得益者。但在這裏我也必須提醒大家，因為你的行為習慣好，也會有一些人會利用你的善良，例如別人找你借錢，你以為這樣做可以成就他人，便會義不容辭的借錢給對方，這個是我常常得到的教訓。對方之前沒有可尋的良好紀錄，一時心軟的信任是有代價的，大家必須要知道的，這往往對財富有一定的風險。

　　因為自己有好習慣，別人不一定有好習慣，這樣自己也會容易成為受害者，所以我會提醒朋友們，除非你十分確定你是在雪中送炭，或是真的想成就別人；與此同時，你借出去的錢，也是你的閒錢，就算沒有了，對你也沒有影響，你才可以借錢給別人；否則借了錢出去，想討回的話，比你向別人借錢更困難。有人告訴我，只需要五分鐘的不好意思，就解決了借錢這個的問題，確實我也有嘗試過，也是很好用的。

所以我建議人生三件不能做的事，其中一件就是「對你財富有風險的事不能做」，這就是其中一個例子。

今天我常常看到很多很多無辜的青年人，他們受到別人的誘惑，去做了犯法的事，我非常心痛！我在想，為甚麼他們的父母沒有正確地引導子女，而將來這些青年人的前途會很艱苦，甚至會影響他們一生；所以我會在短時間內，全力推動好習慣的課程，不管在線上、線下，我希望可以幫助更多的人去做正確的事。人的時間有限，子女們在迅速成長，如果沒有把握好時機練習好習慣的話，他們將來的路會更加難走。我的課程雖然需要收費，但我也有免費的名額提供給低收入家庭，希望不同階層的人都有機會可以學習到好習慣。我會先從香港開始，接着會在國內各大城市，例如北京、上海、廣州、深圳等一線大城市去推廣，希望能夠讓所有看過我這本書的人，或是上過我好習慣課程（不管是線上或線下的人），都能夠有卓越的成就。

我在 20 個好習慣裏面，找不到任何不良的因素，所以我可以十分肯定，練習了 20 個好習慣，必然會卓越。當然練習得少，只會有小成；練習得多，便可以有大成，這是成正比的，沒有任何快捷方式。希望看了我這本書的朋友們，馬上背熟這 20 個好習慣元素，也引導小朋友們背熟這 20 個好習慣。因為這 20 個好習慣，將會在人生裏面，幫助我們解決人生所有的問題，每天都可以用得着。就如我們在小學的時候，老師要求我們去背熟九因歌、乘數表，當時我們也不知道這是甚麼，為甚麼要背乘數表、九因歌。但當我們長大之後，

發現當你要做任何計算的時候，便必會應用到。

結出壞果子的實例

　　接下來是一個行為習慣如何影響結果的真實案例。在我賺到了第一桶金之後，去了澳洲悉尼旅遊，探望一個從小就在同一條街道上一起玩耍長大的好朋友 W 君。大家見面之後，當然互有千言萬語要談。多年前，他隻身從香港偷渡到澳洲，把三個孩子與妻子留在香港，當時打算稍後才陸續申請家人移民到澳洲居住。

　　後來也不知道甚麼原因，W 君與妻子分開了，在當地另娶了一位女士，並生下了兩名小孩。我見到他的時候，W 君在餐館工作，他現任妻子也是餐館的東主之一，他就負責吧台調酒的工作。看到他與一些澳洲客人談笑風生，當調酒的時候，做出上下搖擺的調酒動作，引人發笑，讓人有種新鮮的感覺。

　　W 君善於看書，加上記憶力很好，常常能用很多資料來與人交談，講甚麼話題就即時搖身變成一個行業的專家。我頓時發現了他的才華，因為家境貧窮的關係，他本身連中學也還沒有畢業；但因為他愛看書，連最新的科技，如美國的戰機、航空母艦等都能說得頭頭是道。我在思考，如果能夠把他引進到我的公司，便能幫助到公司的發展。於是，我全面資助這位朋友去台灣與我一起工作，但可能是因為他自尊心作祟的關係，每次與我的一大幫同事出外的時候，總是希望自己要當上一哥，所以常常會做出一些奇怪行為，讓人避開與他接觸。

　　我把做金融的心法教導給 W 君，結果他自立門戶，做了一些不守規矩的行為，最後是沒有得到好結果。之後又來遊說我一起去做對接台灣移民去澳洲的生意，但當他利用完我的人脈關係以後，又再一次把我踢開。有一段時間，他能夠把紐西蘭的移民官說服，把移民批准印章都能夠拿在自己手上。試想一下，這樣的一個人才，是否不可多得？但只在短時間內，他又不知為何，突然結束了移民生意，很可能是因為移民官發現受騙，不再信任他了。

　　接着剛好是上海開放時期，歡迎外資進入投資。他又來遊說我，說上海的前景有多大多好；因為他是我從小一起長大的朋友，我一直包容着他的欠缺誠信、不懂珍惜、不懂謙讓、不守承諾；不懂感恩、不懂尊重及不肯付出等壞習慣。這是因為我自己沒有為他之前對我的所作所為醒覺，自己心太軟，對沒有誠信的人一而再的盲目信任，只想說包容他，再給他一次機會。最後決定全資由我付出，與他合作，股份則大家各佔 50%。很短時間內，在上海已經可以找到適合的人選，幫助我們找到了很多好的項目，找到了一些地段去開發投資，已可預知計算有可觀的利潤。上海的發展在開始穩定向上，卻因為我的眼睛受損，必須留在香港再趕往美國治療，故此只能派我的親信去上海監視他。其實也可預知不會有好的結果，儘管其他人都覺得這是一個沒有結果的合作，但我仍然心存盼望，希望與他合作可創造出好成果。可惜他辜負了我對他的信任，他竟然做假賬，欺騙我的親信，把人都全部打發走。當時自己的眼睛受傷，只好當機立斷，派了資深的人去

追回我的本金，剛好因為那個階段很多專案已經有不錯的利潤，我也不想他因為要還款給我而導致他全軍覆沒，所以當時去追回本金，絕對是最好時刻。好不容易的把本金拿回來，他也繼續做一些欺騙、不正規的生意。

當然，他也有很好的開拓思維，但往往只是顧前不顧後，沒有後續的跟進，他在每個項目都是騙夠了錢就離開（就所謂的 Hit & Run 的做法）。他把所有的人都當成是白痴、傻子。每一次失敗後有人要對付他，他便躲去不同的地方，再做同樣的欺騙，又再被人揭穿，他又逃跑。甚至回到澳洲之後，因與人口角弄傷了眼睛。這樣，他的一生也就差不多就此結束。

這是一個十分現實的案例，如果 W 君能夠有誠信和誠實的與我合作，他的積極勇敢表現是十分出色的。但因為他的不負責任、不珍惜、不謙讓、不守承諾、不可信任、不誠實、不感恩、不肯付出，原本他有機會可以成為一代富豪，但最終甚麼都得不到。

在我看來，我也在這得到一個重大教訓，明知道不可信，仍想僥倖為自己的判斷不負責任，是否自己的自律、負責任及信任做得不好而出了問題？所以我也得承擔後果！就如我之前所說的人生有三件事不能做，對健康、財富、名譽有風險的事不能做，但我自己卻做了。因為當時我還沒有學會好習慣，所以行為習慣影響結果，原來絕佳的商機便錯過了，不可惜嗎？

第五部分
好習慣成就一生

為甚麼要從小培養好習慣？

當個好父母都要學習嗎？

　　毫無疑問，不管讀大學、修專業；不論醫生，或是律師，抑或會計師甚至科學家，他們最少一半以上的時間都在用這20個好習慣，如果沒有這20個好習慣，也只可以做到事倍功半。那究竟為甚麼會事倍功半？縱然這位專業人士有很好的專業知識，但情緒處理不好、表達不好，同事們不願意跟他交往，結果會如何？沒有聆聽的好習慣，成就是否便有所限制？不懂尊重別人，沒有關愛、謙讓，朋友是否相對少了？人脈關係不夠，自然成就便打了折扣等等。這可見好習慣的威力無可限量。

　　目前中國的國策也要求良好的國民教育，良好的國民教育的基礎必然是品德、情商、行為習慣。這與我們的20個好習慣的目標一致，都是希望培育好每一個人，讓他們具備優秀的素質，為國家增添人才。如果我們每一位中國人從小都能夠以20個好習慣打基礎的話，試想一想，我們的國家將會有多強大，就不會有現在所有不必要的問題發生。例如：一些沒有自律的官員，對人不夠關愛，中飽私囊，惹起民怨而對政府不信任；或有一些人常常為了利益而爭權奪利，自私自利，沒有謙讓，沒有家庭觀念，只為自己謀利，結果家庭幸福沒有了，眾叛親離，沒有了健康，再多的錢又有何用。有了20個好習慣元素，又怎麼會再有這些事故發生呢？

　　是以我們的確需要加強國民教育，因為部分國外的人，對一些同胞的行為表現確實有不太滿意的地方。我們期望設計一套好習慣課程，能讓每一個人都可以學到，更多人學習好習慣後改變行為表現及提高個人素質！我們的願景是就算

有些家庭的孩子上不了大學，都可以因為學會了這 20 個好習慣後，從而改變命運，甚至拉近貧富差距。

更理想的抱負是外國人湧入求學行為習慣，更是國家的榮譽！這個也是我的願望，我的夢想！希望有一天能夠夢想成真，20 個好習慣課程會成為全中國的幼兒必修課。而經過不斷研發之後，更可以成為小學、中學、大學的一個獨立學科。這不但是我的夢想，也是我的中國夢！

畢業家長的分享

在寫書的這段期間，完成了開辦 30 小時的家長親子課程，結果令我十分滿意，因為上課的家長們都得到了卓越的結果。其中一位來學習的媽媽，回想自己未學好習慣之前，有十分多的煩惱，她與女兒及丈夫之間發生了很多不愉快的矛盾。她本以為自己是一個不夠溫柔的女人，但經過 30 小時的鍛煉及體驗學習之後，找回了真我。她發現了其實不是自己不溫柔，而是因為，自從女兒出生以後，用自己父母原來的教導方式放在女兒身上，而丈夫也有自己父母教導的方法，所以夫婦各自堅持己見和立場，結果便造成矛盾，而女兒更成當中磨心。經過家長親子課程的鍛煉，完全改變了自己的思維，行為習慣影響結果。她現在已經能夠很好處理女兒的事情，可以說是十分到位、得心應手，亦逐漸改善與丈夫的關係，這個也是我樂意看到的結果。

另外一位爸爸學員，他本來是十分擔憂自己的兒子學習成績追不上，與太太的關係也讓他覺得十分煩惱；每次在駕

車的時候，太太在耳邊一直說過不停讓他覺得非常難受，經常會引起很多爭執；在家中也因為教導兒子的方式有所不同，所以形成了每個月總會有多次小吵，兩次大吵，令生活非常煩惱。自從上完了 30 小時的家長親子課程，竟然完全改變了，與兒子的溝通十分暢順，關係也變得非常密切，兒子的學習能力、表現都十分理想，與太太的關係更是有了 180 度的改變。他給自己的分數達到 90 分，因為情緒問題解決了，以前覺得太太在耳邊說話時是噪音，現在覺得太太在耳邊說話，反而變成關心，差別十分之大，這就是學習 20 個好習慣之後的威力。

　　因此我會盡我所能，普及 20 個好習慣元素，並將設計成不同類別的課程，給所有未能達到自己理想生活的人去學習。

好習慣團隊及義務教授參與好習慣工作坊活動

我相信我可以幫助除了小朋友學習好習慣遊戲以外，還包括青少年好習慣課程、工作面試課程、升職加薪課程、家庭和諧課程、男女找對象課程、企業培訓人才課程、與長輩溝通課程等等……

新聞的反思

最近看了幾段新聞報導，自己感到十分難過，本來也想把它們放在書中作為案例，但在書中不想太長篇大論，所以把幾段新聞放在一起讓大家有所警覺。其中一段新聞是小朋友玩手機太沉迷，用了父母的手機去付款，花了過萬元去充值購買網絡遊戲。結果，父母發現後已無法追回款項。

這事件啟發到我的是：如果父母能及早指導孩子，讓他懂得自我管理、自律等，這種事情未必會發生。

另一則新聞指一個 13 歲女學生，被同齡的青少年掌摑，而打人的青少年被拘捕。對旁觀者及欺凌者，我們在這案例都應該好好深思一下，為甚麼這些孩子會欺凌別人呢？是否父母在教導時有出現過暴力問題？對可能有機會被人欺負的孩子，也要教會他們懂得保護自己，遇到霸凌事件或被人欺負的時候，要及早通知家長及老師，等到時態嚴重時，就已為時已晚。

不想孩子成為欺凌旁觀者的家長，要培養孩子正義感；在需要時要挺身而出，主持公道或指證霸凌者。

孩子性格偏向強勢的家長，更要教導他們不要欺凌別人，控制自己情緒、關愛別人、尊重別人及為自己的行為負責任。

如果家長平時沒有好好教導孩子如何適應羣體生活、如何表現合宜的行為與規範；等到出事才想補救，可能太遲了！

現今的青少年犯案的情況多，對父母的侮辱，甚至拳打腳踢自己的父母也有，為何有這些情況發生？家長的溺愛，家教出現問題，總括來說沒有從小學習 20 個好習慣元素，這便是因果關係。

其實在書中已有提及過身教的必要，尤其是管理情緒、表達、聆聽這幾部分，將影響孩子日後生活非常大。很多時候長輩沒有從小教育好，過度溺愛兒孫，長大後反而得不到兒孫尊重。因為這些小朋友在成長的過程中被寵壞，他們心目中認為一切是理所當然的。

從小訓練三要點

一、自己的事自己做，整理好自己的日常生活作息，為自己負責任，不管起牀、吃飯、穿衣服、梳洗等，都要求他們自己負責任。

二、檢查上學的課本、書包，一定要他們自己去處理。從小要讓他們知道上學讀書是他們的責任，即如父母的責任是要在外工作，賺錢回來為他們交學費、支付家中的開銷一樣。

三、小朋友從小就應該學會如何減輕父母的工作，幫忙家務，成為習慣。這樣就不會覺得所有得回來的皆理所當然。

從小教育才可以讓子女先學會修身，齊家，自己的行為習慣，將會成為影響未來人生的因果。所以我將「**因果**」定義

為：「『因』為行為習慣得到的結『果』，便是『因果』」。

　　家長們，大家多鍛鍊好習慣，要求子女從小練習好習慣，必定會有好結果！

　　小朋友從出生的那一刻，就已經開始為他的一生學習，學習生存與適應周邊環境。父母在這個時候，當然就是孩子最好的導師了。在孩子 3 歲之前，如果懂得如何教導他們的話，就已經可以為他們打下一個良好的基礎。因為，在孩子 3 歲的時候，大腦的發展已經可以達到成年人的 60%。到了上幼稚園，又是人生另一個學習階段的開始。那孩子在 3 歲之前，家長又應該如何教導孩子呢？在上幼稚園 3~6 歲的這幾年期間，父母又會扮演了一個怎麼樣的教導角色呢？幼稚園或學校的老師究竟又扮演了甚麼教導的角色呢？小朋友又能學到了甚麼知識呢？如何可以讓小朋友在 6 歲之前，已經可以養成良好行為習慣的基礎呢？

　　從上小學到六年級畢業，或者在 0~12 歲這段期間，是孩子培養好習慣基礎的重要時段，因為在這之後，父母的影響力會逐漸降至 30% 左右。如果前期養成了好習慣，到初中的時候就已經有了良好的基礎與個性，培養了良好的品格，讀書自然就不會有太大問題了。

　　在中學到畢業的這個期間，家長又扮演了甚麼角色呢？學校的老師在學生心中又扮演了甚麼角色呢？同學們在上大學之前，就是要把良好的品格、行為習慣養成。到了上大學、或者選擇其他路徑，都已經可以為他們打下了一生中主要的基礎了。

　　到大學選科，其實就是為人生選擇一個職業方向，而在上大學之前養成良好的品格，已經可以註定年青人的人生成就的一大部分。所以行為習慣對人的一生十分重要，而我們專業團隊研發出來的 20 個好習慣元素正是為此而設計的。

給 0~12 歲孩子的家長建議

　　從出生開始儘量與嬰兒多說話，要用微笑溫柔的語調，如：「今天真是美好的一天，看到你便開心快樂，寶貝你在成長期間也要保持開心快樂，沒有事情是解決不了的，只要你有心去解決⋯⋯」每天說、每天講充滿正能量的說話，甚至自己碰到不開心的事，也可以告訴寶貝如何將不開心的事化解，變成開心正能量。持之以恆，不斷重複背給嬰兒聽 20 個好習慣。

　　當小孩開始學說話的時候，引導孩子讀 20 個好習慣，然後解釋定義。期望小孩到四歲前已經會背及明白 20 個好習慣的部分定義。有了好習慣的基礎，當孩子上學回來後，可以關愛的去了解他們在學校學了些甚麼，老師同學的行為習慣，讓他描述。如果感覺到有一點點的負能量，就要馬上引導糾正，一定要讓孩子每天掛着笑容、正能量、懂得勇敢面對問題及解決問題。如果能夠在上小學前已經打好良好的行為習慣基礎，對孩子學習有莫大幫助，尤其在聆聽方面，有了專注聆聽的習慣，加上好奇心學習，成績自然不會差。這段時間家長必須多引導啟發孩子的好奇心，為甚麼老師講的重點是如此而非其他？為甚麼要寫字、讀書？求知的意義是為甚麼？等等⋯⋯

　　在學習期間可引導、啟發孩子學習興趣，這比要求、命令、強逼強上百倍。正如書中前述，善用引導、讚美、鼓勵、支持就是與孩子溝通是最好的方法。升中學之後，或多或少會受老師、同學的影響。家長不必擔心，因為孩子已經有了好習慣基礎，用好習慣對話已經可以解決一切難題。家長仍要多聆聽孩子們的心聲，切勿忽視，偶然碰到學習困難時可以一起溝通解決，好習慣互動自然有好結果，如孩子繼續上大學，選科時引導一下就已經不成問題，不上大學的並不一定有阻礙，擁有好習慣找工作一樣沒有難度。

　　當然有些家長的孩子，已經錯過了最好的時間學習好習慣，該如何是好？我認為有志者事竟成，要加倍用心努力學習，一樣可以創造好結果。

　　在孩子長大後，找到工作，與同事關係良好，善用 20 個好習慣，謙讓不計較、多付出包容、主動積極做事、有良好的情緒、表達、尊重、自律負責任，加薪升職指日可待，將來被人挖角的機會也多，創業機會也因此而增加。在生活圈子裏因為有 20 個好習慣帶領着，朋友一定會喜歡有好習慣的人。擇偶容易了，結婚後與配偶長輩肯定相處良好，子女從而得到好習慣的培育，良性迴圈不絕，完全可以想像得到人生有多美好！

教育孩子是父母一生最重要的事業

　　現今社會由於經濟壓力大，很多家長都是雙職父母，既要忙工作事業，又要兼顧家庭，最簡單的辦法就是把孩子交給學校和老師去教。但大家有沒有想過，就算是多好的學校及再好的老師，其實都代替不了父母在孩子心中的地位。因為老師能做的，只是教孩子課本上的知識，但良好的行為習慣，都是需要靠父母的言傳身教去培養的。

　　一個孩子給別人第一觀感印象不是成績的好與壞，最直接讓人感受到的是他們的行為習慣。好的行為習慣可以彌補學習成績的缺陷，但學習成績卻掩蓋不了行為習慣的不足。一個孩子只要有好的行為習慣，我相信他們的讀書成績是不會差的，因為他們自己就懂得積極、自律、負責任。因此想要孩子有良好的行為習慣，父母言傳身教就顯得至關重要。

　　經常聽到很多家長抱怨孩子不愛學習，長時間玩電子遊戲。但家長們，請反問一下自己，你愛學習嗎？你有求知的好習慣嗎？是不是也經常拿着手機在手放不下來？所以當你在問為甚麼孩子有那麼多的壞習慣，請先檢討一下自己，也許你會找到問題的根源。

　　孩子的家庭教育，遠遠比一個好老師，一間好學校的影響

大得多，因為父母的影響是一輩子的，並不是學校幾年時間可以替代的。事業固然很重要，但教育好孩子，才是作為父母一輩子的事業。

　　家長們，你知道父母對孩子的影響有多大嗎？對孩子的成長有多重要？

　　往往在家庭教育裏面，父母之間的關係是否和諧，會是影響孩子成長的最根本因素。在夫妻關係中，日常的爭執幾乎成為常態，是生活中不可避免的事情，對嗎？因為日常瑣碎事情的爭執，而不懂得如何去解決，之後一個一個的問題便遺留下來，日積月累小問題慢慢累積成為大問題。夫妻之間嚴重的意見分歧愈來愈大，也是導致現今社會的離婚率偏高的原因之一。

　　大家可以回想一下，當父母爭執過後，情緒自然是很差吧？而他們會在不知不覺中把負面情緒轉移到孩子身上。孩子都能感受到，並且也會在不知不覺中進行模仿，這也是我所看到為甚麼現今這麼多年青人相對比較偏激、不善於跟別人溝通及情緒的波動十分大、不會顧及別人感受，更甚的可能會受到別人影響，而去做一些違法的事情，最終造成一生都沒法創造出成功的體驗。

　　家長們請仔細觀察一下自己的孩子，如果你們常常忽視他們的感受，孩子的個性就會變得比較孤僻、自我封閉、不願意與人溝通。而父母習慣性的大呼小叫、命令、指責孩子，會導致孩子失去自信心，因為他們從來沒有得到被認同的感受。如果孩子在不斷爭執的家庭環境中長大，受潛移默化的

影響，孩子會不知不覺的學習了壞的表達方式，不懂得去讚美及欣賞他人，也會在不知不覺中習慣了負面的情緒，導致常常發脾氣而不自知。

成為好父母的小秘訣

孩子甚為需要父母的關愛，所以必須先與孩子建立信任，每一次指導他們時，可緊緊擁抱他們、親親他們，再溝通聊天，這樣便可以達到更理想的效果。

我建議家長們自己先背熟 20 個好習慣元素，每天花半個小時擁抱着孩子，跟他們解釋每個好習慣的意義，或者用遊戲的方式與孩子練習好習慣。因為在擁抱的時候，孩子會有安全感、溫馨及被愛的感覺。這個時候，孩子最願意聆聽父母的引導。

如果父母沒有把握擁抱孩子的機會，黃金時間很快過去，孩子轉眼長大就不會再給你擁抱的機會，你的黃金教育機會也就錯過了。父母想要糾正孩子的錯誤，從擁抱開始，孩子會感覺到跟父母親密的關係，父母要懂得運用溫柔而堅定的立場，加上引導、讚美、鼓勵、支援，必定會有很好的效果。

夫妻往往因為沒有達到共識，各執一詞引起雙方的矛盾，問題被無限放大了，孩子就會無所適從。一對恩愛的夫妻所教育的孩子，一般來說，會擁有較多好的行為習慣，成就自然也比一般家庭的孩子高。

但如何能徹底解決夫妻之間的問題才是重點，只要夫妻雙方都是共同想着要有一個幸福快樂的家庭、子女一生幸福。

　　我一直跟大家強調夫妻相處之道，珍貴在於是否能把對方的優點放大，包容對方的缺點，達成一致的共識，共同解決問題，這才是解決夫妻問題的最高境界。不管誰對誰錯，當伴侶有情緒時，說一句：「對不起，是我不好，讓你不開心了，請原諒我好嗎？」大家擁抱一下，親一下對方，好結果便會出現。這種表達並不容易做到，只要願意持之以恆，刻意練習，為了「更好的生活，擁有幸福的家庭、卓越的孩子」，你願意去做嗎？如果希望創造一個幸福快樂的家庭，就必須要想辦法讓夫妻間能夠達成共識，不斷練習好習慣，才是唯一的方法！

　　這便是練習好習慣能夠幫助到你創造的結果！

　　但要強調一點的是必須練習、練習、再練習，才能創造結果。

　　所以，人生必學這 20 個好習慣元素，就會創造未來最好的結果！

　　你的孩子有以下問題嗎？家長們，如果發現有以下情況，而又沒辦法解決：

1. 沉迷上網、打電子遊戲
2. 經常大哭大鬧
3. 爭寵
4. 情緒波動大、脾氣暴躁
5. 缺乏自信
6. 沒有毅力完成事情
7. 專注力不足
8. 不願意學習

9. 做事拖拉

10. 頂嘴

11. 不願意認錯

12. 不合作、凡事愛做對抗

13. 不誠實

14. 做事要講條件

15. 不接父母電話，不回覆訊息

16. 反叛

17. 打架

18. 怕失敗、沒有自信

19. 作息時間顛倒

20. 不願意自己動手吃飯

21. 吃飯時間過長

22. 說話沒禮貌

23. 不願意表達自己感受

24. 做事依賴

25. 不願意洗澡、刷牙

以上問題，是不是也讓你非常苦惱？

　　本書接下來的部分，會結合實際一些孩子生活的案例及小遊戲，不但可以讓大家看到好習慣的威力，還可以讓你真正學到甚麼是好習慣，只要你相信好習慣，把好習慣帶到你的生活中，用在自己的家庭、孩子上，好習慣一定可以幫助你創造好的結果！

第六部分

伴我同行 ——
親子工具書

每日從鍛煉 30 分鐘開始

有一天

始終會追不上小朋友

家長們可以為他們留下甚麼？

簡單易明的親子工具書

　　〈伴我同行親子工具書〉由好習慣集團研發，圍繞 20 個好習慣為主題，均依照孩子不同發展時期較常面臨到的情境，設定不同好習慣教育學習目標及議題，讓孩子學習後能成為生活技能並善用於學校與家庭中。「好習慣」深明孩子在不同時期需要適應不同的環境，特意設計這本「工具書」，為孩子及家長作好準備，目的是讓家長與孩子可共同閱讀、共同探索、共同學習，從伴讀中令小朋友學習「好習慣」。

　　讓孩子開始學習接納及辨認自我的情緒，並以適當的方法表達自己的情緒和感受，同時覺察及辨別他人情緒，進而同理、體諒他人，如此才能在成長過程中培養出解決衝突和自我肯定的能力，也是奠定健全人格重要的基礎。

　　主題的內容簡單易明：

- **給家長的話：**家長可先閱讀，了解小朋友在小學生涯中需要知道及適應的事情，從而知道如何引導小朋友並支持他們去面對。
- **故事導入：**透過故事讓小朋友知道如何處理日常生活中可能會遇到的事。
- **親子互動遊戲：**依照孩子不同發展時期，讓家長與小朋友通過親子互動遊戲，共同探索、共同學習。

甚麼是習慣？

你知道嗎，父母最想小朋友從學校獲得到甚麼呢？健康、知識、友誼。到底如何能做到呢？我們每一個人作為生命個體，都會有不同的習慣，無論是好的習慣，還是壞的習慣。

「習慣」是一個我們時常掛在嘴邊的詞語。而在我看來，習慣無論是主觀還是客觀層面，都是可塑性很強的，依託於有意識和無意識的反覆加深，可以「習而為常，成為慣例」。通過反覆不斷的練習，習慣成自然，一個帶有自覺慣性的行為舉止，習慣就得以養成。

我們都希望具有各種優良的品格，善於傾聽，也懂得表達；勇於創新，也積極面對自身存在的問題；既有團隊意識，又有個人開拓能力；既有恆心毅力，同時又有原則有底線；有抱負，有強烈的使命感，對社會、對國家高度負責任，有擔當，對人、對家庭自覺盡義務；珍惜每一個人，善待每一個人，關愛每一個人，體貼每一個人……如果我們都能做到這樣，那整個世界該是多麼美好！要知道，這些高尚美好的品格都是通過養成好習慣可以具有的。

全方位培養好習慣

好習慣不僅僅與孩子自身的行為相關的習慣，更是圍繞着孩子生活方方面面的行為習慣，並通過不斷的鞏固練習，實現其形成。好習慣不僅僅是行為的習慣，更是思維的習慣，最終體現在能力方面。換句話說，個人的能力其實與習慣的形成息息相關。具體而言，好習慣培養孩子的專注力、探索創新能力、情緒管理能力、自我欣賞能力、社會交往能力、社會適應能力。而這些能力與個人的成長和成功是密不可分的。

習慣的培養，有別於知識的教授，是需要通過不斷的鞏固練習，才得以實現。我們的習慣培養採用全方位的培養模式。除了每天的好習慣體驗式遊戲課程之外，在孩子們一日常規的生活中，也是貫穿着好習慣的培養機會。

孩子喜歡的故事設計

我們設計了機械人「慣慣」和機械人「濛濛」，慣慣代表好習慣，濛濛代表偶爾犯錯的壞習慣。機械人慣慣和濛濛，會頻繁出現在〈伴我同行親子手冊〉故事中，通過慣慣和濛濛的故事，孩子們更能建立起良好的行為習慣。

- 和慣慣一起的小動物，我們也有細心設計他們的造型和性格特徵。

- 小貓灰灰性格比較內向，做事很認真，很好學。

- 小鴨黃黃比較調皮，很活潑，上課喜歡舉手回答問題。

- 小恐龍藍藍、綠綠和紅紅是好朋友，總是喜歡一起玩耍及照顧對方。

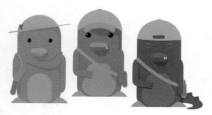

- 這些動物的性格設計，針對孩子具有的典型特徵，讓小朋友們有親切感。

20 個好習慣定義

情緒

情緒是人的神經系統感受到好的或壞的及驚嚇的資訊而作出的行為反應,可分為開心、不開心及惶恐。情緒有好有壞,好的情緒會令人開心、快樂、興奮,覺得人生真美好;壞的情緒會令人的感到沮喪、焦慮、氣憤,像天快要塌下來,世界末日一樣。惶恐的情緒來自突然的驚嚇,情緒好壞的源頭,來自個人面對一些如意或不如意的狀況,接收資訊後的行為反應。

聆聽

聆聽是用耳、用心聆聽別人的意見和自己的心聲,並能了解別人的意思。認真和用心領悟含義、不插嘴、專注、需要時可用筆記下來。

表達

表達是善意地、尊重地、關愛地,把思想感情表示出來,創造和諧的結果。

積極

　　積極是主動不拖延、不找藉口、爭取百分百時間、百分百可能性、有效行動，從而得到的機會愈來愈多，便可創造更多更大的結果。

勇敢

　　勇敢是有勇氣敢於承擔，不怕辛苦，有膽量去坦然面對困難，不猶豫、不退縮、不逃避、不累積問題，問題便容易解決。有勇氣面對錯誤，承認錯誤，對後輩或下級也應當如此，有勇氣面對流言蜚語，自我內心強大，做好自己不受影響。

毅力

　　毅力是堅毅努力，堅持去克服障礙，不放棄完成任務。

自律

　　自律是自我約束，即使獨處時也能嚴於律己，謹慎對待自身言行的道德典範，是克制情緒完成既定目標的行動力，不受外界誘惑影響。

負責任

負責任即是會完成自己範疇應該做的事情，不會推託及責怪他人；負責任的人通常工作勤奮可靠。

珍惜

珍惜是愛惜身邊每個人、每件事、每個對象和時間，因為錯過了便會後悔。

謙讓

謙讓是謙虛禮讓，謙虛者虛懷若穀，不顯示自己的優點，用學習的態度面對他人。禮讓者，既能有禮貌（包括各種應該注意的禮儀），又能夠有孔融讓梨之心。

信任

信任是相信而委任，不作猜疑，但必須知道冒險的代價，即是說不要因信任而感到受傷害。

關愛

關愛是關心愛護他人，尤其在他人感覺無助時之關愛，猶如雪中送炭，讓受助人也感到快樂；是良好的品德，關愛不是憐憫，亦不是同情，關愛是真心誠懇對待他人，被關愛的人會感受到別人的在乎。

包容

包容是包容他人的缺點，接納他人的錯誤；包容是一種美德，需要有博愛的心、不計較、寬容大度，能夠接納、寬恕別人的過錯，包容是大學問，高境界，是綜合能力的體現。

誠實

誠實是真誠實在表達自己，不說謊，不作虛假行為，自然得到他人信任。

團隊合作

團隊合作是指一個人的力量是有限的，只有團隊各展所長、同心合力、向同一目標、共同奮鬥，才能發揮最大的價值，創造最大的結果。

承諾

承諾是言出必行，言行一致，懂得遵守承諾的人，為自己創造了別人對自己信任和尊重的價值。

尊重

尊重是指尊敬重視，顧及他人的感受，不傷及他人的行為；尊重他人是一個人修養的表現。只有尊重他人才能得到別人的尊重。

求知

求知是指求取更多的知識,每天進步,達到不斷創新的結果。

感恩

感恩是對別人給予的幫助、所做的事情表示感激致謝。如果不懂感恩,便會逐漸失去給予幫助的人。

付出

付出不僅僅是一種美德,所謂助人為快樂之本、自己不止得到快樂,原來付出不求回報的回報才是意想不到的。

1 你想成為一個怎樣的人？

1.1 給家長的話 —— 情緒

社會上總是將「情緒」視為負面的行為，例如會說：「這個人有很多情緒」、「很情緒化」、「情緒變化很大」，以至於表現出情緒被視為是一件不好的事情。情緒可以簡略分為開心、不開心及惶恐。

情緒其實有好有壞，例如孩子在放學途中看到一些大哥哥，他可能會產生緊張或是害怕的心情，進而產生想要想逃跑或尖叫的行動；或是早上起牀時想到要上學，有的人覺得開心，而有的人覺得厭煩，這也就是情緒的一種。

情緒不好	會變得孤僻	學校內沒有朋友
情緒不好	會發脾氣	影響了課堂秩序
情緒不好	會發脾氣	影響學習成績

1.2 情緒是甚麼？

情緒是人的神經系統感受到好的或壞的及驚嚇的資訊而

作出的行為反應，可分為開心、不開心及惶恐。情緒有好有
壞，好的情緒會令人開心、快樂、興奮，覺得人生真美好；
壞的情緒會令人的感到沮喪、焦慮、氣憤，像天快要塌下來，
世界末日一樣。惶恐的情緒來自突然的驚嚇，情緒好壞的源
頭，來自個人面對一些如意或不如意的狀況，接收資訊後的
行為反應。

1.3 我有哪些情緒？

家長逐一演繹以下情緒名詞，小朋友根據家長的表情，
把情緒名詞連上適當的圖案。

情緒名詞	連線	表情
輕鬆	● ●	
緊張	● ●	
討厭	● ●	
開心	● ●	
害怕	● ●	
難過	● ●	
生氣	● ●	
驚訝	● ●	

1.4 從事件中認識情緒

發生不同事件，都會讓我們有不同的情緒。
請小朋友把情緒名詞連上相應的事件。

情緒名詞	連線	事件
害怕	● ●	明天全家要去旅行。
丟臉	● ●	功課寫完了，不用煩惱！
難過	● ●	我以為考試成績不好，沒想到是 100 分。
生氣	● ●	我心愛的小貓不見了。
緊張	● ●	同學沒有跟我說就把我的蛋糕吃掉了。
開心	● ●	同學作弄我，但我一點也不喜歡。
驚訝	● ●	老師要檢查功課，但我還沒有完成好。
輕鬆	● ●	我又遲到了。

1.5 情緒是我們的朋友

　　情緒是我們的朋友，而朋友也會分為好朋友或壞朋友，請你依照情緒的感受，將下列 20 種情緒分成好朋友及壞朋友：用紅色筆圈着好朋友；用藍色筆圈着壞朋友。

驚訝	幸福	焦慮	輕鬆
緊張	難過	挫折	嫉妒
害怕	無助	擔心	羨慕
滿足	生氣	高興	平靜
厭煩	得意	委屈	丟臉

1.6 給家長的話 —— 表達

　　小朋友步入學校開始，要重點培養小朋友的語言表達能力，他們對於簡單的語句已經能夠熟練的掌握了，對於複雜語句使用的頻率也在不斷地提高。但是小朋友語言表達的準確性還不夠，使用的詞彙量還不夠豐富，對於事情的描述還不夠連貫。因此我們把培養小朋友能準確、有序、連貫、清楚地講述事、物或描述情緒情感作為表達的重點。

　　表達是我們相互交往的方式、是我們相互溝通的橋樑，是我們交換思想的工具。避免說傷害人的說話，不管是家長或小朋友，都要學懂習慣性地多讚美別人。多說欣賞及讚美的話，如說：「你計數好叻！」

1.7 跟同學相處時

跟同學對話、交流時，我們可以做甚麼？還有要避免做甚麼？

- 人人都愛聽讚美的說話，讚美別人可以結交不少朋友。
- 對同學多說讚美的說話：你的英文很棒呀！你猜包剪揼十分厲害！

- 這些說話會讓人感到討厭，同學們不會願意跟你交朋友。
- 避免跟同學說：我不喜歡你！我不想你這樣！你要按我的意思去做。

1.8 同學不跟指示排隊，如何做？

有一天，排在你面前的同學突然變了另一個人。原來有同學沒有跟指示排隊，你會如何做？

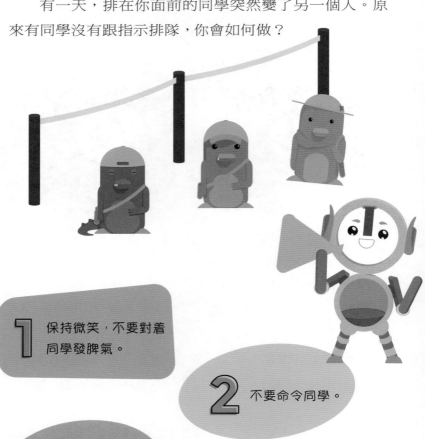

1 保持微笑，不要對着同學發脾氣。

2 不要命令同學。

3 有禮貌地問學，以表示尊重。

4 跟同學說：「不好意思，站在我前面的是其他人，請問你可以回去你的位置嗎？」

1.9 我可以如何處理（一）

　　我很想和小明一起快樂地去上學，可是我會擔心爸爸媽媽離開我。我可以做甚麼來讓自己更勇敢呢？

	求助		做約定		道歉
	拒絕		沒關係		說出來

1.10 我可以如何處理（二）

　　學校有許多小朋友，他們常常一起玩得很開心，我也很想一起玩，我可以怎麼做呢？

	求助		沒關係		道歉
	拒絕		離開		說出來

1.11 我可以如何處理（三）

小美是我的朋友，可是我不喜歡她沒有問我就拿走了我的鉛筆去寫字，我可以怎麼做呢？

	求助		做約定		感恩
	拒絕		沒關係		説出來

1.12 遊戲練習 —— 故事串燒

準備工具：紙、筆

遊戲玩法：家長和小朋友共同想一些關於人物、地點、事件的畫面，畫在紙上並分類擺放。之後每人分別從這三個要點中抽取，編成幾句話，並且最好可以串成故事。

小秘方：故事串燒可以給小朋友一個想像的空間，自由地表達。但是小朋友描述探索的過程中容易出現用詞不夠準確，不夠規範，所以家長要及時的進行引導。在生活中，家長可以鍛煉小朋友講述發生在周圍的事件。

1.13 遊戲練習 —— 猜猜看

遊戲工具：眼罩

遊戲玩法：小朋友用語言表達出接觸的物體的特徵和用途。

小秘方：日常生活中，家長描述物體的時候，可以適時地繪形繪聲加入形容詞來具體說明。如在玩具架第四層的最左邊，有家長剛剛給你買的一個彈性很棒的球哦。而且家長要注意使用完整句語來描述。小朋友在這種氛圍中耳濡目染，慢慢地就能積累豐富的詞彙，又能準確地講出物體的特徵。

2 如何可以有更多朋友？

2.1 給家長的話 —— 謙讓

小朋友的品德行為初步形成後，自我控制能力提高了，而且有了一定的自我約束能力，但是其謙讓行為存在着局限性，欠缺主動意識。謙讓習慣主要培養小朋友主動、友好地與他人相處，學習理解他人的想法和感受，可以採用環境、經典誦讀、角色扮演等多種方法對謙讓行為進行引述，從而使小朋友擁有謙讓的美德。謙讓可讓小朋友在學校贏得更多的信任，更快的擁有朋友，獲得更多的快樂。

2.2 給家長的話 —— 關愛

小朋友各種心理活動互相緊密地聯繫，心理活動系統的方向開始逐漸穩定。由社會需要而產生的情感也開始發展了，

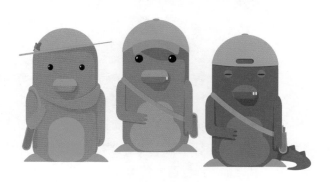

比如關注受災的人們，能奉獻愛心；關心和幫助殘疾人；有關心和保護珍稀動物的意識等等。家長可以把關愛周圍的人、事、物作為重點，培養小朋友懂得關心和愛護身邊。樹立良好的環保意識，讓關愛存在於生活中的每一個角落。

2.3 給家長的話 —— 勇敢

五歲的小朋友情緒理解發展進入到了成熟期，他們對開心等積極的情緒具有較好認知，對吃驚、傷心等消極情緒的認知也比五歲以下的幼兒有了根本性的質變，但是他們對害怕，勇敢等情緒的識別比較差，經常會嘗試做一些魯莽的事，因此家長可以繼續對勇敢習慣進行培養，重點培養小朋友勇敢面對危險和困難，努力完成任務；在面對未知事物時，能夠有勇氣大膽去嘗試，並能戰勝內心的恐懼，相信小朋友對勇敢的認知會有新的體會。

小朋友生活在千變萬化的世界中總會遇到各種不同問題、挫折、困難，這就需要小朋友有勇氣去解決和面對，而且勇敢使小朋友不斷創新，是小朋友的競爭力，敢於想像、敢於創造、才會有新的東西。

2.4 給家長的話 —— 付出

　　小朋友從小就開始建立自我形象，認識自我價值，小朋友
願意得到老師、家人和其他人的賞識，而付出就能幫助小朋
友得到認同和接受，家長可以增加或減少小朋友付出的內容，
按照循序漸進的原則，有目的、有計劃地指導小朋友進行付
出的行為，還要為小朋友提供更多的機會，例如日常生活中，
環境創設中，角色扮演中等等。一些力所能及的事情，不必
每件都讓成年人代勞，適當地讓小朋友付出勞動等，有助於
小朋友形成獨立的人格。

2.5 我可以如何處理（四）

當有同學跌倒在地上時，而你看見了，你會如何做？

1 有同學在校園內跌倒。

2 你有沒有受傷？

3 我扶你去醫療室好嗎？

4 好的，多謝你。

2.6 我可以如何處理（五）

去洗手間時遇見的情況，與同學們一同進入或離開洗手間。

1 出洗手間時，拉開門。

2 見到有同學在門外。

3 先讓路給同學先行。

2.7 我可以如何處理（六）

　　與同學們在圖書館看書時，碰巧跟另一個同學選擇了同一本書，你會如何做？

1 與另一位同學選擇同一本書。

2 問同學：「你真的很想看這本圖書嗎？」

3 若同學真的很想看，謙讓圖書給同學看。

4 同學看完後讓給自己看。

2.8 我可以如何處理（七）

　與同學分享零食。

1 小息的時候打開書包。

2 發現有多一粒糖。

3 可以請同學食。

2.9 我可以如何處理（八）

有一天你做錯了事，惹怒了你的同學，同學對你發脾氣，你會怎麼辦？

1　小急在操場上行路。

2　不小心撞倒同學。

3　同學說，你睇路啦！

4　跟同學說對不起。

2.10 你願意成為班長／組長／科長嗎？

1 擔任班內其中一個角色，如班長。

2 平日幫忙同學收功課、拿功課。

3 維持課堂秩序。

2.11 結識新朋友的行動連線（一）

結識新朋友時會遇上不同事件，我們可以如何行動呢？
請你把行動方案連上相應的事件。

行動方案	連線	事件
沒關係	● ●	同學約我放學一起到魚池抓小魚、小烏龜回家養。
拒絕	● ●	剛才我因為生氣罵了小美，可是現在我知道那不是她的錯，我跟她道歉，但是她還是不理我。
離開	● ●	同學叫我與他一起把別人的鉛筆盒藏起來，我覺得這樣不對，但是他是我的好朋友，我怕他生氣，怎麼辦？
說出來	● ●	剛剛跟同學玩遊戲時，我輸了，而且我很不開心，我要怎麼做呢？
再試試	● ●	我好想跟其他小朋友一起玩，可是他們沒有邀請我。

2.12 結識新朋友的行動連線（二）

結識新朋友時會遇上不同事件，我們可以如何行動呢？請你把行動方案連上相應的事件。

行動方案	連線	事件
感恩	● ●	我不小心把同學的作業簿弄濕了，我該怎麼辦？
冷靜	● ●	下課遊戲時我摔了一跤，同學扶我起來，並送我去健康中心擦藥膏。
道歉	● ●	有同學每次玩遊戲都說他要第一個玩，可是大家都想第一個玩，這時該怎麼辦呢？
做約定	● ●	同學是修理機器高手，現在我的玩具不知道怎麼不動了，我可以怎麼做呢？
求助	● ●	分組活動的時候，我不小心把作品弄壞了，同學罵我是全世界最笨的人，我好生氣，很想打她。

2.13 遊戲練習 —— 分生果

遊戲準備：蘋果一個，鋸齒狀的塑膠刀。

遊戲玩法：請小朋友切蘋果，之後將切好的蘋果分給家裏的人。分蘋果時，小朋友要懂得謙讓。

小秘方：切蘋果時，小朋友會把蘋果切成大小不均，這就為後面的謙讓造成了困擾。小朋友會按照自己的標準分蘋果。分完後，請小朋友闡述一下自己的標準，家長判斷是否遵守了謙讓的原則。讚美是培養小朋友謙讓的催化劑，所以在小朋友做到了謙讓後，家長要適時表揚。

2.14 遊戲練習 —— 巴士上的乖孩子

遊戲玩法：成人分別扮演老人、孕婦、傷殘人士等，小朋友扮演有座位的乘客，讓小朋友學習讓座給有需要的人。

小秘方：角色扮演是小朋友十分喜愛的一種表演形式。在這種遊戲中，通過對實際生活場景的重現，讓小朋友根據自己的經驗和意願行動。角色扮演遊戲是培養小朋友謙讓品質的重要方式。

2.15 遊戲練習 ── 漂亮的袋

遊戲準備：紙張、彩筆、膠棒

遊戲玩法：請小朋友為媽媽製作一個漂亮的袋。

小秘方：小朋友剛開始製作的時候，往往會很慢，甚至有時會有小意外或闖禍，家長不要因此就讓小朋友停手，而是要給小朋友做正確的示範動作，耐心教他們怎麼樣做，鼓勵小朋友堅持製作，從而培養小朋友有為家人付出的意識。

3 如何做個好學生？

3.1 給家長的話 —— 聆聽

小朋友受身心發展特點和年齡特點的局限性，自制力較弱，缺乏耐心聆聽別人說話，在聽的過程中容易會出現小動作、東張西望；容易插嘴等現象，聆聽好習慣的培養主要是建立合理的聆聽常規。例如聆聽別人說話時要做到保持安靜，不隨意插嘴或打斷對方講話，要插嘴必須得到講話人的同意等，家長與小朋友溝通時，可以將需要聆聽的內容難度增加。

例如描述抽象概念；講述一些相對較長、情節曲折的事件。聆聽是小朋友接受資訊的重要方法之一，是小朋友感知和理解語言的行為表現。聆聽習慣的好壞將直接影響小朋友升小學後，學習系統文化知識的品質，因此小朋友聆聽習慣的培養格外重要。

3.2 給家長的話 —— 自律

小朋友在幼稚園發展的最高階段、又處於小學前的準備階段，這一時期的小朋友想法比以往更多，不再盲目地服從

於他人，積極性也更高，不再是被鼓勵着參加活動，家長要給小朋友一個更廣闊的空間，讓其發展，但是廣闊空間的前提條件是小朋友要有很強的自律，那麼家長要怎麼培養小朋友的自律性呢？

　　培養小朋友的自律性，最重要的是請小朋友自己參與制定規則，能自覺遵守並有計劃地實施，這樣通過自己要求自己，由被動變為主動，小朋友積極主動的習慣就會完全給調動起來，即使在有外部干擾的情況下，小朋友也能有很強的自我約束能力去完成目標，良好的自律習慣可以讓小朋友擁有更多的時間來學習，學得更輕鬆，更有效率，是提高學習效率、保證學習品質的關鍵，它使小朋友終身受益。

3.3 給家長的話 ── 求知

　　小朋友思維活躍具開放性，問題更集中於對客觀世界的關注，強烈的求知慾，使小朋友對學習內容有了更高的要求，要求內容更具探索性、操作性和挑戰性，隨着身體各種技能的發展，小朋友更易於長時間專注地探索周圍事物、現象的特點和變化規律。因此家長要依託於小朋友的好奇心展開課程，激發小朋友的求知慾望，嘗試觀察和發現問題，運用數學、科學、實驗等經驗探究問題、解決問題，在操作活動中，引導小朋友觀察生物、物體，以及事件的特徵，建立物體各個特徵之間的聯繫。

3.4 給家長的話 —— 負責任

　　小朋友思維主要特點仍是以具體形象思維為主，抽象邏輯思維剛開始萌芽，對於負責任這樣一個名詞的理解不會很透徹，家長可以採用生動有趣、親身體驗等形式幫助小朋友理解，從而養成負責任的習慣。

　　小朋友的責任感並非是與生俱來的，後天的影響和培養對責任感的形成有很大的關係，家長需要有意識地運用一些教育策略加以引導。在遊戲和日常生活中幫助小朋友形成責任意識，產生責任感、努力做好力所能及的事，一個有責任心的小朋友，能得到他人的認可，責任心能促使小朋友身心健康發展，對未來充滿信心。

3.5 給家長的話 —— 誠實

　　小朋友開始有說謊行為，完全不是品德的問題，而是說明了小朋友的大腦發育已經接近成熟了，對於誠實，家長要積極地引導和教育，慢慢地小朋友就會養成誠實的習慣，當小朋友有說謊的現象時，家長要查明原因，然後將事情具體分析，尋找合理的解決辦法，只有這樣才有利於小朋友的成長。

　　家長可以利用情景、生活等因素培養小朋友做事實事求是的習慣，誠實的習慣無論是成人還是小朋友，都是終生受用的，這個好習慣會隨着年齡的增長、閱歷的增加、文化的豐富而變得愈發光澤，是人格魅力的根源所在，是整個人類都在不斷追求的文明標誌。

3.6 如何做才正確？

請判斷以下情況應該如何做才正確。

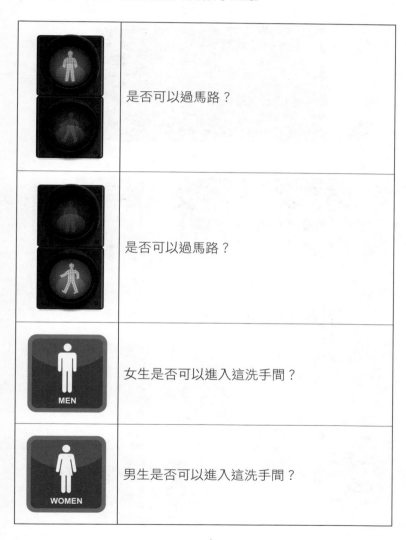

	是否可以過馬路？
	是否可以過馬路？
	女生是否可以進入這洗手間？
	男生是否可以進入這洗手間？

3.7 課室中要知道的事

1 老師入課室時，學生要起身敬禮。

2 上甚麼課，就要拿甚麼書出來。

3 跟老師的指示打開書本第幾頁。

4 專心聆聽老師在課堂中說甚麼。

3.8 忘記洗手間在哪，如何做？

　　有一天，你想去洗手間，可是卻忘記了洗手間的位置，你可以如何做呢？

1 找別人問，如老師/風紀/同學。

2 使用提問句:「請問洗手間在哪裏？」

3 問完後跟別人說:「多謝。」

4 跟着別人的指示走到洗手間。

3.9 功課不會做，怎麼辦？

上課時，你聽不明白老師的教的內容，你可以如何做？

1 找一位懂得做的同學問。

2 問同學：「請問這題如何做？」

3 問完後跟別人說：「多謝。」

4 讚美幫忙你的同學：「欣賞你是一個願意幫助別人的同學。」

3.10 上課聽不明白，應該如何做？

不要害羞，馬上舉手發問。

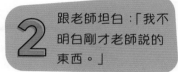

跟老師坦白：「我不明白剛才老師說的東西。」

仔細聆聽老師的解說。

如再有不明白，下課後找老師問個明白。

3.11 早上起牀後要做甚麼？

（ ）刷牙	（ ）換校服
（ ）吃早餐	（ ）整理牀鋪

3.12 晚上睡覺前要做甚麼？

（　　　）整理書包	（　　　）準時睡覺
（　　　）準備校服	（　　　）設定鬧鐘

3.13 對自己負責任

　　小朋友已然長大了，以下兩項都是小朋友需要懂得，並對自己負責任的行為，你願意學習嗎？

家長可以教導小朋友：	
學懂穿皮帶	學懂繫鞋帶

3.14 家事小幫手

小朋友，請讀一讀「情境描述」欄內的內容，猜一猜家人會開心，還是憤怒？請在適當的圖案下「✓」

情境描述	😊	😠
爸爸主動提出拆裝窗戶等粗重工作由他承擔時，他是怎樣的心情？		
媽媽大聲的説：「多謝老公！」語調裏透露甚麼情緒？		
媽媽説：「姐姐，快起牀，把自己的房間整理一下，哥哥的也一樣。」媽媽的情緒是甚麼？		
姐姐説：「很煩耶，放假多睡一下都不行哦？」她表達了怎樣的情緒？		
哥哥碰的一聲，把門重重關上。這個動作代表哥哥是甚麼情緒？		
媽媽看到姐姐和哥哥的反應，她會有怎樣的心情？		
當你把家事做好，被稱讚的時候你的心情會是甚麼？		
全家人一起把一件事情做好，是怎樣的心情？		

3.15 遊戲練習 —— 尋寶

　　遊戲準備：眼罩、盒子、各種物品（萬字夾，橡筋、扣子等）。

　　遊戲玩法：家長將小朋友的眼睛蒙上，描述物品的特徵，然後請小朋友在盒子裏尋找。

　　小秘方：這個活動能使小朋友在您的指示下動起來，同時也能幫助他鍛煉身體。指令的難度要遵循着由簡單到複雜的原則。生活中，需要別人拿東西或找東西時，可以請小朋友幫忙。例如：「到廚房，幫我拿出藍色的杯子」等等……根據小朋友的能力，家長可增加指令的難度。

3.16 遊戲練習 —— 看圖片做動作

遊戲玩法：準備一段音樂，音樂響起，家長手指下面任何一幅畫，小朋友觀察畫中人擺出的姿勢，注意只觀察不模仿。音樂停止後，把書合上，小朋友再模仿。

小秘方：自律的範疇之一是控制自己的情緒，這個簡單的小遊戲潛移默化中訓練了小朋友克服衝動的能力。生活中小朋友一旦出現衝動、暴躁等不良情緒時，家長要適時提醒。

3.17 遊戲練習 —— 會站立的紙

遊戲準備：筆

遊戲玩法：請小朋友想一想怎樣可以讓一張紙立在桌子上，有多少種方法，並記錄下來。

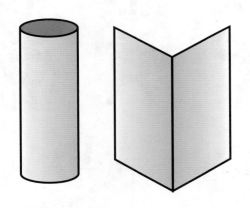

小秘方：在這個操作活動中，可以使小朋友感受到平面和立體的差異。紙要站立起來，小朋友要依靠記憶能力搜索生活經驗進行想像。在生活中，我們要多拋給小朋友一些問題，隨後讓小朋友思考、探索，動手操作。

3.18 遊戲練習 —— 動物腳印

遊戲玩法：請小朋友猜猜下面都是哪種動物的腳印然後進行連線，並模仿相應動物的叫聲及走路姿勢，討論它們的生活習性。

小秘方：

· 家長可以和小朋友討論每種動物的相關知識。

· 家長和小朋友各「認領」一個動物，找出這種動物的一些知識，然後互相分享。

· 家長多激發小朋友探索動物知識的慾望。

4 如何可以有更多時間玩耍？

4.1 給家長的話 ── 積極

當小朋友個性特徵有明顯的表現，其中最突出的就是能自己管理自己了，但是只有積極主動的管理才能讓他們在成長的路上找到真正的「自我」，才能在成功的路上永遠開心快樂，家長可以培養小朋友積極主動地參與豐富多彩的活動，積極主動地探索、解決問題。積極主動地表現自己，小朋友在成長的過程中，要獲取知識，掌握技能，培養情趣等等。但是要怎樣做才能做到知識多、技能強、情趣雅呢？那就要充分調動小朋友的積極主動性，積極主動可以讓小朋友敢於攀登知識的高峯，讓小朋友不斷提高自己的技能，讓小朋友保持樂觀的生活態度。

主動結交好友，拓闊社交圈子	
✓	主動積極跟其他同學玩遊戲。
✗	不積極，小朋友不容易融入學校生活。

4.2 給家長的話 ── 毅力

　　小朋友個性形成的最初階段，這一時期的小朋友可塑性強，但是五至六歲是小朋友意志能力發展的關鍵年齡，家長要抓住這個有利時機對小朋友進行毅力的培養，利用各種途徑和形式培養孩子的意志品質，家長可以培養小朋友用樂觀的態度去面對和戰勝困難；學會延遲滿足，增強自控的能力，每個人都渴望成功，但是成功的路是漫長而曲折的，道上佈滿了荊棘，藏着隱蔽的陷阱，更躲着無數的惡魔，那你用甚麼防身對付他們呢？勇敢、智慧、自律等等，但最重要的是毅力。

專心坐在座位上上課	
✕	不堅持專心上課 → 錯過聆聽上課重點 → 成績下降

4.3 我可以如何處理（九）

有一天，你看見同學們開心地在操場上玩跳飛機，你也很想玩，你可以如何做？

1 看見其他同學正在一起開心地玩遊戲。

2 主動問同學：「你們好，我是 1A 班的 XXX，請問我可以跟你們一起玩嗎？」

3 跟同學表示感激：「多謝你們願意跟我玩。」

4 跟別人交朋友：「我跟你們玩得很開心，我們以後做朋友，可以嗎？」

4.4 我可以如何處理（十）

主動提出跟同學一起玩遊戲，但同學拒絕了，你可以如何做？

1 看見其他同學正在一起開心地玩遊戲。

2 主動問同學：「你們好，我是1A班的XXX，請問我可以跟你們一起玩嗎？」

3 同學表示：「不可以，我們人數剛好夠了。」

4 回應同學：「沒關係，下一次我再跟你們玩。」

4.5 遊戲練習 —— 踢紙球

遊戲準備：紙球若干

遊戲玩法：地上畫一個圈，兩個人分別站在圈內和圈外。圓圈外的人不斷地把紙球投進圓圈內，圓圈內的人則要積極地把球踢出圈。時間為 15 秒，如果留在圈內的球超過了三個，則圓圈外的一方獲勝。反之則圈內的一方獲勝。

小秘方：積極主動的心態能夠增強寶寶遊戲的信心，是寶寶獲得勝利的法寶。這個活動既可以鍛鍊寶寶的身體，又訓練了寶寶的反應速度。在日常的生活中，家長可以多與寶寶進行類似的遊戲活動，從而培養寶寶的積極主動性。

4.6 遊戲練習 ── 一枚硬幣

遊戲玩法：給寶寶一枚硬幣，請寶寶想辦法把它上面的圖案複製在紙上，看寶寶能找到多少種方法。

小秘方：所謂「一題多解」，指的是處理一件事情時，可以有多種不同的思路和方法。活動中，寶寶可以查找資料，也可以請教成人，但每個成人只能給出一個方法，從而帶動寶寶的積極主動性。

4.7 遊戲練習 —— 貼牆站立

遊戲玩法：與寶寶一起貼牆站立，時間為一至三分鐘。要求腳後跟、臀部、肩、頭部均與牆相貼。

小秘方：貼牆站立不僅能夠鍛煉寶寶的身體，還能鍛煉他的毅力，在堅持幾分鐘之後不想繼續的情況下，家長鼓勵寶寶堅持到最後一分鐘。從而達到培養寶寶毅力的目的。

5 如何培養孩子感恩的心

5.1 給家長的話 —— 感恩

　　五至六歲的小朋友心理發展基本已經形成自我意識，會逐漸意識到自己與別人的關係，與他人接觸時經常會提出「給我」，「這是我的」等要求，當接受別人幫助時，幾乎沒有感謝的意識，因此培養小朋友懂得感恩尤為重要，家長可以在生活中需要以身作則來引導小朋友模仿並學習，培養小朋友擁有一顆感恩的心，只有懂得感恩的人才會有良好的人際關係和美好的生活。

感謝老師、校工、校巴司機的付出	
✓	跟老師、校工、校巴司機説：「多謝！」
✗	抱怨老師教得不好 ／ 校巴司機開車開太慢。

5.2 給家長的話 —— 珍惜

　　由於現在的小朋友生活條件普遍都會比較好,想要得到的東西也會容易得到,所以就會出現不珍惜、浪費、丟掉、毀壞等不良的習慣。五至六歲的小朋友已能形成初步的品德行為,培養小朋友學會珍惜非常重要,家長可以主動培養小朋友懂得愛惜糧食,能珍惜他人的勞動成果,喜歡親近大自然,能保護和珍惜動、植物,有初步的環保意識等有關珍惜的內容。安排小朋友通過動手及遊戲的形式,讓小朋友更容易理解和運用。建議家長引導小朋友親身體驗,從而使小朋友學會珍惜身邊的人事物。

	・ 吃光學校飯盒內的飯菜 ・ 正確地使用文具(不要當玩具)
✕	・ 不正確地使用學校設施,大家都享用不到設施 ・ 不正確使用文具→文具爛掉→沒有文具做功課 ・ 吃剩飯盒的飯菜→浪費食物

5.3 午餐時

1

飯盒內不同的食物，例如有蔬菜、肉類。

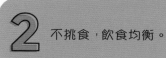

2 不挑食，飲食均衡。

3 把飯盒內的食物吃光。

4 避免浪費食物。

5.4 使用文具

有一些同學會把文具當成玩具玩，你又會這樣做嗎？

1 文具有自身的用途，例如用筆來寫字、用直呎劃直線等。

2 正確地使用文具。

3 不要把文具當作玩具，把文具弄爛。

4 不要隨意扔掉或更換文具。

5.5 學校設施

　　學校有很多設施讓學生使用，你們會如何使用學校設施呢？

1　校園的人都可以使用學校設施。

2　如果我們故意破壞或不正確地使用學校設施。

3　其他人就不能使用該設施，而且還要花時間維修。

4　珍惜學校設施，小心使用。

5.6 遇見老師 / 校工 / 校巴司機時

　　學校內的老師、校工、校巴司機，都為學生付出了很多，你會如何表達對他們的感激呢？

1 上學時遇見老師 / 校工 / 校巴司機。

2 跟他們打招呼及微笑。

3 跟他們表達感謝：「多謝你們每天的付出。」

4 跟他們揮手告別。

6 雙贏是甚麼？

6.1 給家長的話 —— 團隊合作

有些小朋友很嚮往獨立，對於團隊的意識還很薄弱，也不知道合作的意義是甚麼，所以家長可以把「團隊合作」作為重點，有針對性地對小朋友進行培養，讓他們更加深刻的了解甚麼是團隊，以及團隊合作的重要性，團隊合作不僅僅能提高完成任務或遊戲的效率，同時還增強了小朋友的責任心，通過培養小朋友團隊合作，為小朋友今後參加課外活動及步入社會奠定了良好的基礎。

6.2 給家長的話 ── 信任

　　小朋友與生俱來就擁有許多優秀的品德，比如善良、求知、關愛等等。信任能將他們內在美激發出來，真正成為一個擁有諸多美好品德的小朋友。

　　要培養小朋友在和家人之間密切信任的關係，在和朋友、夥伴之間能夠友好的交往和相處，體驗信任、互助的快樂和意義；在可能遇到危險時，有較強的分辨能力和掌握簡單的自我保護或找可以相信的人求救的能力，家長可以遊戲的方式或者閱讀故事，讓小朋友親身體驗和理解如何去辨認能夠信任的人，增強小朋友的自我保護能力及安全感。

6.3 給家長的話 —— 承諾

小朋友承諾的習慣在具體的生活與學習中培養出來，並成為行為要求，才是確實可行，才更具操作性，而且更容易取得效果，因此家長在承諾習慣的重點是通過體驗、討論的方法使小朋友充分理解並積極地遵守承諾、實現承諾。在日常生活中，要組織多種活動，創造多種機會和條件，家長可以身作則，承諾小朋友的事情，能夠做到說到做到，引導讓小朋友模仿家長做到言出必行，培養小朋友的責任感，能分辨是非對錯，能慎重許諾，並積極應對自己的諾言，養成遵守承諾的好習慣。

6.4 你認為小學老師是怎樣的？

1 小學老師不像幼稚園的老師時刻呵護你。

2 有時候可能不明白老師為甚麼要這樣做。

3 但是相信學校老師都是會幫助、愛護學生的。

4 聽從老師的安排，信任學校老師。

6.5 遊戲練習 —— 自畫像

遊戲準備：兩張白紙、兩枝鉛筆、一個擦膠。

遊戲流程：

1. 家長擺出一個姿勢，並在十分鐘內定格，讓小朋友幫忙畫出家長的自畫像。

2. 小朋友畫完後擺出一個姿勢，像家長一樣定格十分鐘，讓家長幫忙畫出小朋友的自畫像。

3. 兩人都畫完對方的自畫像後，拍手大叫：「大功告成！」

　　目的：讓小朋友明白只有一個人是，即使照着鏡子，也難以在保持同樣的姿勢下完成自畫像。相反，如果與別人合作，大家互相合作，不但能完成自己的自畫像，還可以幫助完成別人的圖畫，一舉兩得。

6.6 遊戲練習 —— 第三隻眼

遊戲準備：眼罩、椅子、箱子、玩具

遊戲流程：

1. 家長戴上眼罩，由小朋友充當家長的第三隻眼，帶領家長走路。

2. 家長捉着小朋友的手，全程只有小朋友可以說話。

3. 家長要聆聽小朋友的指示在家中行走。

4. 在家中的走廊上放置椅子、箱子、玩具等等障礙物，讓小朋友帶領家長走過障礙物。

5. 設下任務，如在大廳內拿水果到廚房、把枱上的垃圾扔進垃圾筒內等等。

6. 當家長完成任務後，讓小朋友戴上眼罩，由家長充當小朋友的第三隻眼，繼續遊戲。

目的：讓小朋友體驗信任他人的感受，並思考被他人信任的條件，而且明白被人信任不是必然，要珍惜他人對自己的信任。

6.7 遊戲練習 ── 承諾論壇

遊戲準備：小朋友及家長自己常常破壞的諾言列表。

遊戲流程：

1. 家長預先準備小朋友及家長自己常常破壞的諾言（每樣至少五個）。

2. 先展示家長常常破壞的諾言，家長和小朋友一起投票，投出最容易破壞的諾言，並討論原因及後果。

3. 展示小朋友常常破壞的諾言，家長和小朋友一起投票，投出最容易破壞的諾言，並討論原因及後果。

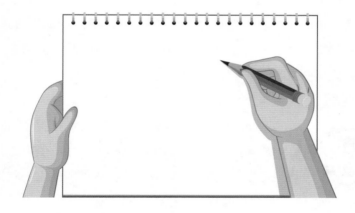

　　目的：讓小朋友及家長明白承諾不分大小，都需要認真的去對待。另外，從多角度了解引誘我們破壞承諾的原因，再因此作出改善。

7 假如被同學取笑該如何應對？

7.1 給家長的話 —— 尊重

當小朋友對人、事、物已經開始有了自己比較穩定的態度，他們的思想情感已經不那麼外露，對自己的行為會產生顧慮，這時正是培養他們尊重好習慣的最佳時期，家長們要培養小朋友理解和尊重他人的個人觀點和生活習慣；掌握和他人之間相互尊重，友好相處的方式方法，尊重是中國的傳統美德，古時儒家的孟子就曾對其解釋過：「愛人者，人恆愛之；敬人者，人恆敬之。」世上沒有兩片相同的葉子，更沒有兩個相同的人，每一個人都有長處和短處，所以我們要善於尊重他人，欣賞他人的長處，接納他人的短處。

生活中每一個人都需要被尊重。不嘲笑他人，不亂翻他人東西，主動幫助殘疾人仕等等，都是尊重別人的表現。建議家長引導小朋友學會判斷對錯，使小朋友理解要尊重他人。

7.2 給家長的話 —— 包容

五至六歲的小朋友已形成初步的品德行為，並在與同伴的交往中實踐、練習着各種交往方式，同時，他們也能進一步意識到並開始了解他人有不同於自己的情感、需要、習慣和性格等等。我們要抓住這個時間段，在此期間培養小朋友的包容，引導他們擁有一顆博愛的心，做一個心胸廣闊的人，使他們明白包容是一種美德，家長們可以培養小朋友能夠寬容別人的過錯，接受別人的缺點和有包容照顧他人的意識，包容他人可以讓自己的內心更輕鬆，擺脫困擾與痛苦，學會包容他人，有助於小朋友在以後的生活中處理好各種人際關係，融洽地與他人合作，充分發揮自己的潛能。

7.3 上學時遇見老師／校工／同學們時，你會做甚麼？

1 跟他們微笑及揮手。

2 大聲說：「早晨，×老師／×同學！」

3 放學時也要跟他們道別。

4 大聲說：「再見，×老師／×同學！」

7.4 想跟同學借東西

你的同學有一本書，你很想看這本書，你會如何做？

1 不要擅自拿走別人的東西。

2 問同學：「請問你可不可以借給我？」

3 得到同學的允許後才借走東西。

4 跟同學表達謝意：「多謝你願意借東西給我。你真是一個願意付出的人。」

7.5 同學考試不合格

派發測驗考試卷時，看見同學不合格，你會如何做？

1 不要嘲笑該同學。

2 安慰該同學：「是不是今次考試很難？不要不開心。」

3 鼓勵該同學：「你下一次一定會合格的！」

7.6 當別人嘲笑自己時

有一天，有同學改你花名，你會有甚麼反應？

1 同學嘲笑你的姓名或外型等等。

2 控制自己的情緒，不用生氣，不用發怒。

3 提醒同學們：「嘲笑別人是不正確的行為，今次我原諒你們。」

4 如同學們再犯，也不用發脾氣，交給老師處理。

7.7 面對嘲笑「聰明五招」

當我們面對別人的嘲笑時，心中難免有些不舒服，此時我們可以趕快拿出「聰明五招」來應對。現在，就讓我們一起來練武功哦！

狀況題：請你假想一個被嘲笑的情況 —— 然後開始練習「聰明五招」！

第一招「防護罩」：想想自己的優點。

我的優點是：＿＿＿＿＿＿
我要對自己有自信，相信自己是很好的！

第二招「轉心情」：深呼吸，想一件開心的事或好笑的笑話。

我想到的開心事或笑話是：＿＿＿＿＿＿
這讓我的情緒比較能不受影響！

第三招「好好說」：用溫和的方式跟對方說。

我用溫和的方式跟對方說：＿＿＿＿＿＿
能夠表達想法讓我覺得心情好多了！

第四招「好幽默」：想一個輕鬆、幽默的方式化解。

我想到的輕鬆、幽默方式是：＿＿＿＿＿＿
輕鬆、幽默的互動方式，可以化解彼此間的不愉快。

第五招「遠離他」：閉上耳朵，或離開那些嘲笑你人或言語。

我想到「遠離他」的好方法是：＿＿＿＿＿＿
這樣可以避免衝突或對方繼續的嘲笑！

7.8 遊戲練習 ── 自由選擇

遊戲玩法：請小朋友和家長找一找用家中的玩偶及物品組成數字 10 的方法有多少種。

目的：對小朋友來說，尊重是一個抽象的概念，這個遊戲就形象地讓小朋友明白了每個人想法是不同的，家長可以引導小朋友了解不把自己的想法強加給他人就是對他人的尊重，在要求小朋友懂得尊重他人同時家長也要以身作則，讓小朋友學會相互尊重。

7.9 遊戲練習 —— 掉牙了

遊戲玩法：請你幫助小朋友把牙齒長齊吧！

小秘方：不嘲笑別人是尊重他人的一種表現，生活中，小朋友都會有不同的情況出現，如掉牙了，摔倒了等。我們要學會去幫助別人，而不是去嘲笑別人，同伴之間只有相互尊重，友誼才能夠更加長久。

「體練」式學習 —— 堅持鍛煉、創造結果

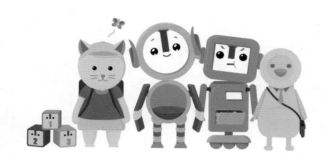

　　好習慣集團一直致力推行「體練」式學習模式，通過不斷的刻意鍛煉，才能創造理想結果！

　　「體練」就是體驗加練習。光去學是學不會的，只有不斷練習才會有結果。正如學游泳和踏單車一樣，只聽懂和知道是沒有用的，只有體驗式學習才能真正明白，並掌握知識，提升能力。看到、知道、更要做到自覺、自信、自立。

　　透過家長的體練式課程內容包括解決問題、反思自我及鍛煉執行等；讓家長清楚理解行為習慣的禍害，從而對人生有一個新的領悟，使家庭及事業更加美滿。

　　課程包括 0~12 歲小朋友好習慣遊戲課程、家長親子學習課程、好習慣老師課程、青少年培訓課程、工作面試課程、加薪升職課程等等。

課程對象：

- 0~12 歲小朋友的父母。
- 對親子教育一直沒信心的父母。
- 在外面學了很多親子教育知識但仍然未能解決親子問題的父母。
- 逼切渴望修補親子關係的父母。
- 一直解決不了夫妻問題的父母。

好習慣課程特點：

- 一個嶄新理念的實用課程，一次獨一無二的體練式學習。
- 不空談理論，而是手把手教你，百分百保證能掌握良好的親子溝通心法及方法，並能實踐創造結果。
- 恰到好處的 30 小時體練式之旅，運用學與練模式進行。
- 我們以結果為依歸，不要再勞心勞力的教小朋友而達不到想要的結果。

學習收穫：

- 幫你找回親子教育的樂趣。
- 讓你有勇氣面對小朋友成長的種種難題，從此不再煩惱和焦慮。
- 讓你跟小朋友溝通完全做到得心應手。

課程大綱：

- 行為習慣影響結果
- 20 個受用終身的好習慣
- 成功「五步曲」和「三不做」
- 以家長心法替代打、罵、命令、威脅
- 溫柔而堅定的立場
- 情緒是人類的好朋友，與情緒化敵為友
- 聆聽如何創造良好溝通
- 輕鬆考到好成績
- 人見人愛的結果而選擇權在自己手上
- 解決問題的專家
- 刻意練習
- 給予孩子的自由
- 課程中家長們也能學會一些和孩子互動的小遊戲
- 贏是喜劇 輸是悲劇
- 與另一半創造和諧幸福的結果

詳細課程資料，請留意好習慣網站：www.goodhabits.com.hk
也可以積極了解好習慣不同課程的開班時間。

後記

在寫書前有很多擔心的事：

一、我沒有文學根基，如何能演繹好一本書呢？

二、我從來沒有出過書，會不會白費心血呢？

三、究竟我演繹的好習慣，讀者能看懂嗎？

四、有沒有出版社願意為我出版這本書呢？

於是我幾年前已經開始策劃找人幫我寫書，作為我的寫手，我用口講述，讓有經驗的人來寫，但找了不同的人去寫，始終沒有辦法清晰的把我所述的內容原汁原味的表達出來，在這幾年時間，我看了很多書籍文章，以及聽育兒書等等。其中一本書激發了我的雄心，大膽的將所想的，自己寫作出來。我的秘書也幫了我的大忙，我大部分時間用錄音，秘書幫我把錄音轉為文字，讓我再進行修正，而我為了更保險安全起見，專門邀請了一位語言博士來替我進行校正，在此我要誠意的感恩高慕蓮博士。

而我大膽寫作的原因是看了一本名為《刻意練習》的書，書中提及人出生本來就有先天的基因加後天的變化。先天基因佔了後天變化的機率甚小：

例一：如三、四歲就成為天才音樂家的莫札特，其實他

的成功，是因為父親從他出生那一刻就開始引導、訓練兒子在音樂方面的發展，才會真的創造結果。因為他三、四歲的時候已經能分辨不同的音色甚至能作曲，當時所有人便認定他是音樂天才。

例二：一羣普通的人很想要去雪山看奇景，但高山上溫度甚低，穿再多的衣服也抵擋不了寒冷。經過專業的教練在寒冷的環境中指導練習，不斷練習一段頗長的時間，後來真的能夠達成目標，創造了一舉登雪山的結果。

例三：平常有健身鍛煉的人，做掌上壓能做到 100 下已經算很不錯的了，但有人經過刻意鍛煉，結果可以連續做超過一萬次，確實是匪夷所思，這就是刻意練習的結果。

例四：一位想發表自己思維理念的人很想寫書，從來沒有寫書經驗，但知道刻意練習的方法，經過不斷練習，結果真的花了很多年的時間，寫作了很多名書。

當然這還有很多很多的例子，在此就不便再一一論述了。我就是因為這樣鼓起勇氣把書寫出來，雖然文字平凡，但最重要的是，學會了之後的結果不平凡，希望能讓普遍大眾可以體會學習，這才是我想要的。要說到刻意練習，書後面也有提及如何能練習到，大家可往後細看內容便能了解。

在寫書的期間，辦了多次家長親子工作坊，也搜集了不少家長頭痛的事，也在期間一一為家長們解答，給我最深刻的是，我感覺我已經講得十分明白，也建議了很多方法，但結果是很多家長依然未能解決頭痛的事，經過了我與團隊一再修改課程中的練習，發現真的當局者迷，家長時常在局內，

無法抽出身來，客觀的去理解事實。後來再用更多簡單的方法去引導家長，在不斷共同努力下，結果出來了，家長們親自站出來分享結果，這是多好的事啊！但很多未有上過課程的人，似乎不太相信這神奇的結果，仍然推搪說沒有興趣，沒有時間。

天啊！究竟我們每天工作為的是甚麼？

工作的動力來源是哪裏來的？

不就是為了創造一個幸福快樂的家庭嗎？

但事與願違，本末倒置，不知不覺只為了賺錢，為了工作而工作，忘記創造幸福快樂家庭的這回事。在家裏，對小朋友命令式的要求，一不如意便對孩子吆喝，說甚麼都是為他們好，一直的批判指責，說甚麼不專心，做功課這麼慢，吃飯這麼慢，教了這麼多遍也學不會，為何這麼笨……等等等等。請問這樣教育子女的方式，會教得好嗎？

夫妻之間有不同意見，便各自各大講道理，各人堅持自己的觀點，不知不覺難聽的話就表達出來了，結果鬧矛盾，不時小吵，偶爾大吵，請問最後的結果是甚麼？我們常常在夫妻之間發生的事，一言不合，便翻臉，本來準備好去娛樂、去旅遊、去約會而因此改變了，冷戰了，賭氣不去了，最後在心中怨恨，值得嗎？原來只需要幾句好話，哄一哄：我錯了，我最愛的是你，我不應該讓你不開心，等等……已經可以化解之前的矛盾了，對嗎？

我常常強調：家不是講道理的地方，是講愛，講親情的地方，對嗎？分誰對誰錯有甚麼意義？要有好的結果才最重

要，對嗎？看了我這本書，只要大家用心學習，絕對可以創造好結果，需要的話，可以報名上課，不要說沒有時間，因為這是關係到每一個家庭成員一生的事。

自 1979 年 10 月開始創辦自己的金融公司，在 1981 年至 1982 年期間，我成功賺取了自己的第一桶金。通過自己非常努力的奮鬥，再發展，這期間，又賺取了第二桶金、第三桶金。自然會有很多朋友向我推薦投資項目，自己也參與了一些投資，包括有醬料廠、皮具廠（手袋、皮鞋工廠）、房地產管理公司，還有舞蹈學校、抗衰老診所等等。但到最後，除了我自己親力親為管理的金融公司外，其他的投資開發專案沒有一個是成功的。只能用四個字來形容我當時的心情：意興闌珊。

直至 2007 年參加了一個人生體驗課程，讓我真正體會到人生的成功與失敗都並非偶然，與運氣並沒有甚麼關係。只要你有一顆堅定的心想要達到理想的結果，並非難事。於是我人生的第二春來了，在 2008 年我重組了我的金融公司，在短短的幾年間，公司提升到另一個高度，有了輝煌的結果！而這一次，當生意走上了正常軌道之後，我決定放手把生意交給主力的其他幾位股東去繼續發展；自己完全抽身，嘗試發展另一個嶄新的教育理念，創辦好習慣國際研究院，希望人人都有好習慣。

2008 年一心想人人都有好習慣的我，將想法告訴了我的中學同學蘇國輝教授。經過他的引薦認識了一對夫妻；他們都是心理學教授，一位是李湄珍教授、一位是陳智軒教授。

他們也贊同我的想法，但事先提醒我做這件事是十分不容易，是一個需要長期努力的計劃。於是，我們便一起研發了 19 個好習慣元素，也在北京設立研究院及聘請資深幼兒老師開始為好習慣編製課程。

在這期間我認識了一位王姓女幹將，工作速度及反應十分靈敏，育有一個六歲兒子及一個一歲的女兒，她既要兼顧家庭又要謀生，確實不容易。我向她推薦了好習慣的教育方式，並得到她的允許，用好習慣來指導她的子女，效果立竿見影，小孩們不用命令、打罵，都可以有良好的溝通，於是王女士對好習慣十分信任，所以希望能一起參與投資好習慣的發展。但因為她過去的習慣已經形成，要改善需時，尤其在情

好習慣義工團隊

緒方面起伏甚大，由此給了我啟發。我認為情緒如果管理不好會鑄成大錯，所以在 19 個好習慣元素加上了「情緒」，成為現在的 20 個好習慣元素了。

　　再回想一下，之前失敗的投資並不是項目不好，而是人的問題，所有大企業基本都有一個智囊團隊，有出色的左右手，而我卻沒有。我也曾經重金禮聘，但因為遇人不淑，導致損失不菲，而被逼放棄，直至 2008 年重組了金融公司。

　　人才千金難尋，可遇而不可求，那應該如何定義為人才？我自己認為，能善解人意、具有知識基礎、有成熟的思維；願意求知進步創新、情緒良好、表達良好、願意聆聽、主動積極、勇敢面對及處理問題；願意接受意見、有一定自律、負責任、謙讓不計較、有誠信；懂得關愛團隊、幫助團隊、懂得尊重感恩、付出等。這樣的人必定是人才，必定是一個雄才偉略、運籌帷幄之人！其實，任何企業家、老闆都在找這一類人才，對嗎？為何不是你？不是你將來的孩子？

　　今年年初的時候，我給家長們上了一個 30 小時的親子課程，效果比我想像中更加理想：上課的家長有的擔心孩子讀書跟不上、有的夫妻間發生大大小小的爭吵、有的與長輩出現溝通問題等。但課程結束後，家長們經過練習，對於自己的提升及改變，都可以給自己打 90 分以上。

　　如果目前有任何課程能為你創造這樣的結果的，切勿猶豫，儘快去學習，因為時間不等人，孩子在一天天快速成長，習慣形成了之後，是十分難去改變的，大家一起加油！